Dr. Nicole Schaenzler

Das kleine Wörterbuch der Medizin

Alles über Schulmedizin und Naturheilkunde auf einen Blick.
Tipps zur Krankheitsvorsorge und gesunden Ernährung

Südwest

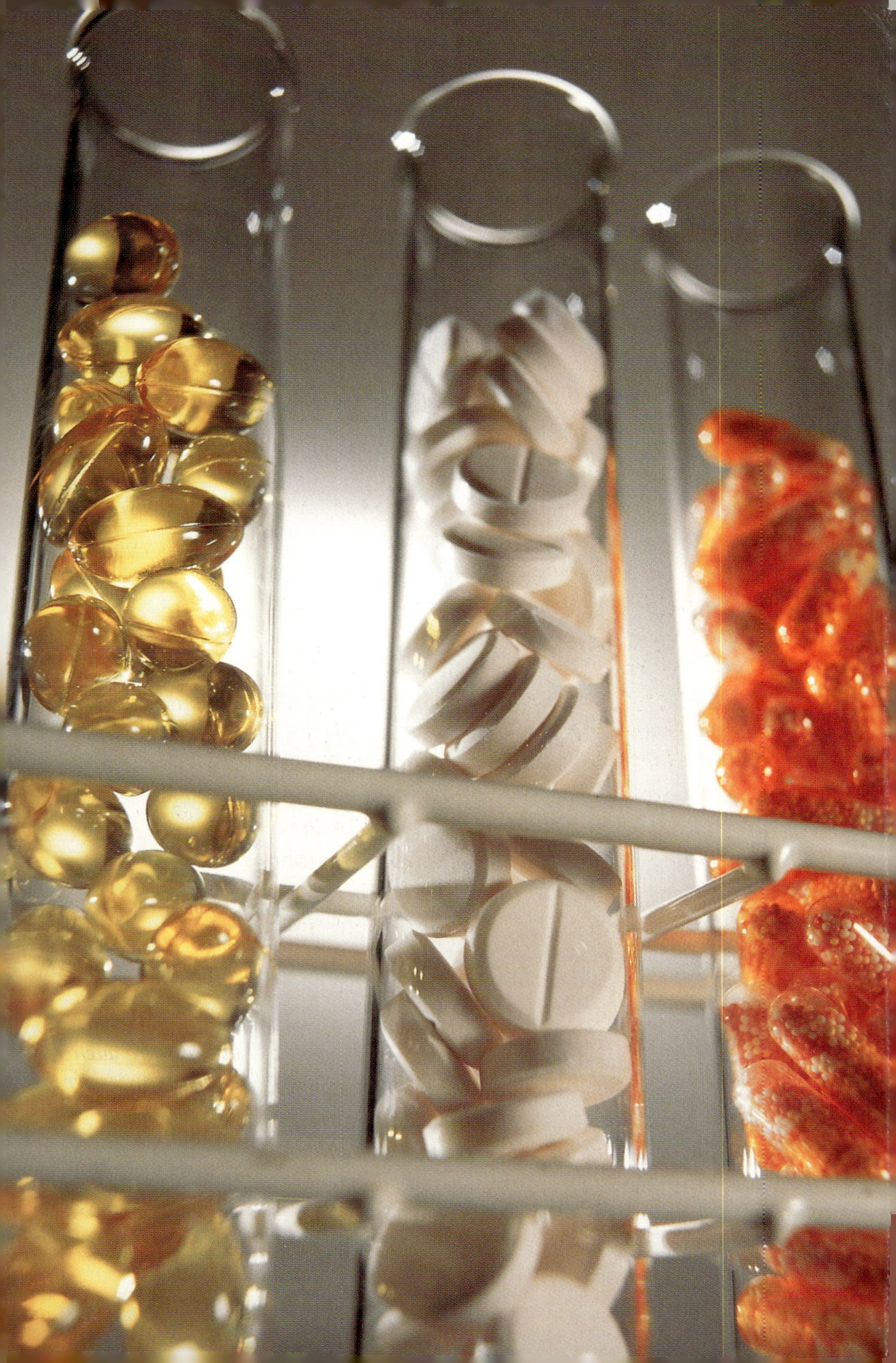

Gesund sein – gesund bleiben

Gesundheit ist ein hohes Gut. Sie ist unersetzlich und unbezahlbar. Leider wird uns das oft erst bewusst, wenn Störungen des Wohlbefindens auftreten. Gesundheit darf man daher nicht als selbstverständlich, als Geschenk der Natur betrachten. Sie hängt in hohem Maß von jedem Einzelnen ab, von seinem Gesundheitsbewusstsein und dem daraus erwachsenden Verhalten. So kann man in vielen Fällen von Zivilisationskrankheiten – z. B. bei Diabetes mellitus – ganz wesentlich selbst dazu beitragen, seine Gesundheit durch aktives Handeln zu erhalten und zu fördern. Eine eigenverantwortliche Einstellung zur Gesundheit setzt sich immer mehr durch. Die moderne Leistungsgesellschaft fordert jeden Tag höchste Anstrengungen von uns; diese Herausforderung ist für viele Menschen zum Motiv für gesundheitsbewusstes Denken und Handeln geworden. Die Medien haben diesen Trend aufgegriffen und tragen in hohem Maß zur gesundheitlichen Aufklärung bei. Mit steigender Lebenserwartung gewinnt auch der Wunsch des Einzelnen, den Lebensabend gesund und fit gestalten zu können, immer mehr Bedeutung.

Wer weiß, dass Leistung ganz entscheidend von körperlicher Fitness abhängt, wird entsprechend handeln und Verantwortung für die eigene Gesundheit übernehmen wollen.

Die moderne Medizin hat zweifellos gigantische Fortschritte gemacht, aber es wird auch immer schwieriger bei diesen Massen an Pillen, Tropfen und Tabletten noch die Übersicht zu behalten!

Information ist wichtig

Wer Verantwortung für seine Gesundheit übernehmen möchte, muss sich informieren. Das ist nicht immer ganz einfach. Wie gelangt man zu dem erforderlichen Wissen über Körpervorgänge und Organfunktionen? Über Zusammenhänge zwischen Körper und Psyche? Über

Wechselwirkungen zwischen Gesundheit und Krankheit? Was muss, was kann man tun, um sich vor funktionellen Störungen und Erkrankungen zu schützen? Wie erkennt man die Anzeichen einer drohenden Krankheit, wer und was hilft, um sie möglichst rasch und wirkungsvoll zu behandeln, zu lindern, zu heilen? Wer um Antworten bemüht ist, wird schnell feststellen, dass er ohne ein bestimmtes Vokabular nicht auskommt.

Gezielte Fachinformation in alphabetischer Anordnung: Wichtige Methoden zur Kranheitserkennung, die häufigsten Erkrankungen und medizinsche Fachausdrücke praxisnah erläutert.

Ziel und Anliegen

Dieses kleine Nachschlagewerk ist in erster Linie ein Wörterbuch für den medizinischen Laien. Es dient u. a. dazu, Begriffe der Beipackzettel zu klären oder bei Symptomen schnell einmal nachzuschlagen, was es denn sein könnte ... Von »Abführmittel« bis »Zytostatika« gibt es Auskunft zu Anwendungen und Methoden, Diagnose- und Therapieverfahren, Krankheiten, Fachausdrücken, Heillehren, den wichtigsten Mineralien und Vitaminen etc. Eingeschlossen sind auch psychotherapeutische Ansätze. Das Buch richtet sich an einen breiten Kreis von Lesern und bietet daher auch ein breites Spektrum an Information. Wissenschaftlich exakt, dabei für den medizinischen Laien leicht verständlich – das will das vorliegende Wörterbuch sein. Selbstverständlich kann es keinen Anspruch auf Vollständigkeit erheben, insbesondere nicht auf den Spezialgebieten der Medizin, die jeweils allein schon Regale füllen. Und natürlich kann dieses kleine Buch auf keinen Fall den Arzt, eine medizinisch fachgerechte Untersuchung und Behandlung ersetzen. Im Gegenteil: Unser Anliegen ist es, dem Leser Hilfestellung bei der Beantwortung der Frage zu geben, wann es empfehlenswert oder sogar dringend erforderlich ist, einen Arzt zu konsultieren.

A

Abführmittel (Laxanzien): erleichtern die Darmentleerung. Es gibt Gleitmittel, Füll- und Quellstoffe und Substanzen, die Wasser im Darm zurückhalten.

Abdomen: Bauch, Unterleib

Abduktion: Bewegung einer Gliedmaße von der Mittellinie des Körpers nach außen.

Ablatio: Entfernung kranken oder toten Gewebes bzw. eines Organs oder Körperteils (→ Amputation).

Ablatio retinae → Netzhautablösung

Abort: spontaner Abgang der Leibesfrucht (→ Fehlgeburt) oder medizinisch eingeleiteter Schwangerschaftsabbruch (→ Abort, eingeleiteter).

Abort, eingeleiteter (Schwangerschaftsabbruch, Abtreibung): medizinisch eingeleiteter Abbruch einer Schwangerschaft mittels Vakuumabsaugung (12. bis 14. Schwangerschaftswoche) oder Gaben von Prostaglandinhormonen (ab der 14. Woche).

Abrasio uteri → Gebärmutterausschabung

Abschürfung (Exkoriation): mechanische Verletzung der Haut; hat eine aufgeraute Fläche zur Folge.

Abstoßungsreaktion (Transplantatabstoßung): Abwehrreaktion des Körpers auf transplantiertes Gewebe, Organe oder -teile, die vom Immunsystem als Fremdkörper gewertet werden.

Abstrich (Smear): Entnahme von Haut- oder Schleimhautbelag zur mikroskopischen Untersuchung.

Abszess: abgekapselte eitrige Entzündung, meist durch bakterielle Erreger hervorgerufen.

Abtreibung → Abort, eingeleiteter

Abwehrschwäche: Regulationsstörung des Immunsystems mit erhöhter Infektanfälligkeit, oft durch seelische Überlastung, Fehlernährung oder Bewegungsmangel. Störungen des Immunsystems können auch zu → Allergien führen.

ACE: Angiotensin-Converting-Enzym, das die inaktive Form des Angiotensins, das Angiotensin I, zur Verengung der Blutgefäße in die aktive Form Angiotensin II umwandelt.

ACE-Hemmer: Medikamente, die die Wirksamkeit bestimmter Enzyme (→ ACE) blockieren; u. a. zur Behandlung von → Bluthochdruck und → Herzinsuffizienz.

Acetylsalicylsäure: synthetisch hergestellte Arznei (Aspirin®) zur Schmerzlinderung und Behandlung der koronaren → Herzerkrankung.

Achalasie: krampfartige Verengungen von Hohlorganen, häufig im Verdauungstrakt, infolge einer Unfähigkeit der glatten Muskulatur, sich zu entspannen.

Achillessehne (Tendo calcaneus): Sehne, die die Wadenmuskeln mit dem Fersenbein verbindet.

ACTH (adrenocorticotropes Hormon; Kortikotropin): Hormon, das im Vorderlappen der Hirnanhangsdrüse gebildet wird und die Funktion der Nebennierenrinde reguliert.

Adamsapfel: Prominentia laryngea

Adaption (auch Adaptation): Gewöhnung bzw. Anpassung an Reize oder veränderte Umweltbedingungen, z. B. Adaption des Auges an Dunkelheit.

Addison-Krankheit: durch ungenügende oder eingestellte Produktion von Nebennierenhormonen hervorgerufene Erkrankung, die sich u. a. durch eine dunkle Verfärbung der Haut äußert.

Adduktion: heranziehende Bewegung einer Gliedmaße zur Körperlängsachse hin.

Adenitis → Lymphknotenentzündung

adenoide Vegetationen (Rachenmandelhyperplasie, Polypen): aus Lymphgewebe bestehende Wucherung der Rachenmandel am Dach des Nasenrachens.

Adenom: meist gutartige Geschwulst von drüsengewebeartigem Aussehen im → Epithel.

Adenotomie: operative Entfernung der Rachenmandeln.

ADH (antidiuretisches Hormon, Vasopressin): vom Hypophysenhinterlappen ausgeschüttetes Hormon, das an der Regulation des Wasserhaushalts im Körper beteiligt ist.

Adipositas → Fettleibigkeit

Adnexitis: Unterleibsinfekt

ADP (Adenosindiphosphorsäure): chemische Substanz; spielt bei der Energieübertragung im Zellstoffwechsel eine wichtige Rolle und wird als angelagertes Phosphat zu → ATP.

Adrenalin (Epinephrin): »Stresshormon«; im Nebennierenmark produziertes Hormon, das bei besonderen körperlichen und seelischen Anstrengungen u. a. die Arbeitsleistung des Herzes und die Atemfrequenz steigert.

Adrenocorticotropes Hormon → ACTH

aerob: Sauerstoff zum Leben benötigend.

Aerophagie: Luftschlucken

Aerosoltherapie: Einatmen gelöster und zerstäubter Medikamente zur Behandlung von Atemwegserkrankungen.

AFP (Alpha-Fetoprotein): im fetalen Magen-Darm-Trakt und in der Leber produziertes Protein, das ab dem zweiten Schwangerschaftsdrittel auch im Blut der Mutter nachweisbar ist; erhöhter AFP-Spiegel kann auf einen Entwicklungsdefekt des Embryos hinweisen, bei Erwachsenen auf einen bösartigen Tumor im Hoden bzw. Eierstock oder Leber.

Ageusie: Beeinträchtigung oder Verlust der Geschmacksempfindung.

Agnosie: generelles oder vorübergehendes Unvermögen, Objekte trotz vorhandener Sinnesempfindungen zu erkennen; oft sind Gehör, Sehvermögen und Tastsinn betroffen.

Agoraphobie: Angst, sich auf großen, freien Plätzen aufzuhalten.

AGS (adrenogenitales Syndrom): genetisch bedingter Enzymdefekt; verursacht eine Störung im Hormonhaushalt der Nebennierenrinden.

AIDS (acquired immune deficiency syndrome): im akuten Stadium tödlich verlaufender erworbener Immundefekt als Folge einer HIV-Infektion. Nicht alle HIV-infizierten Personen entwickeln AIDS. Meist

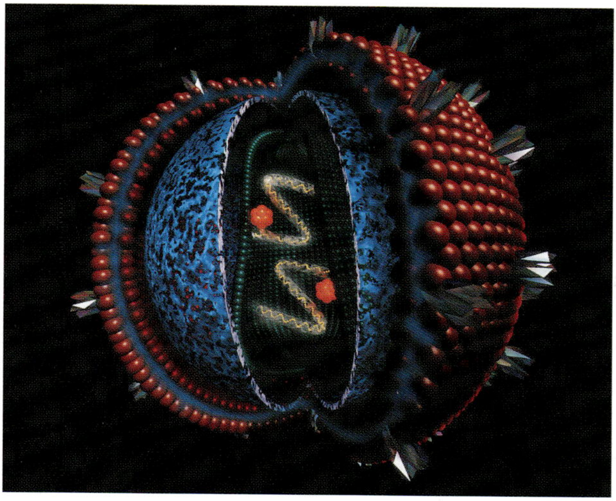

AIDS ist heute eine der gefährlichsten Autoimmunkrankheiten, bei denen körpereigene Zellen für Fremdkörper gehalten und als solche bekämpft werden. Eine solche von HIV zerstörte Zelle ist hier dargestellt.

vergehen zwischen Ansteckung und Ausbruch der Krankheit einige Jahre; Fieber, Gewichtsverlust, geschwollene Lymphknoten, Hautausschläge und Infektionen im Mund- und Rachenbereich sind oft erste Symptome.

Akanthästhesie → Parästhesie

Akinesie: stark eingeschränkter oder völliger Verlust der Bewegungsfähigkeit, meist als Folge von Gehirnschädigungen (wie z. B. → Schlaganfall) oder abnormen Muskelverhärtungen (z. B. → Parkinson-Krankheit).

Akkomodation: Anpassung eines Organs, um eine spezielle Aufgabe zu erfüllen, z. B. Anpassung des Auges durch eine variable Brechkraft der Linse auf eine Sehentfernung.

Akne: häufig während der Pubertät auftretende Hauterkrankung, die hormonelle oder auch genetische Ursachen hat.

Akromegalie: durch einen gutartigen Tumor im Hypophysenvorderlappen hervorgerufene Ausschüttung von Wachstumshormonen, die eine extreme Vergrößerung von Händen, Füßen, Schädel und Kiefer zur Folge hat.

Akroparästhesie: Kribbeln und Jucken in Fingern und Zehen.

Akupressur: kreisende Massagen von bestimmten Akupunkturpunkten.

Akupunktur: Methode, bei der an bestimmten Punkten der im Körper verlaufenden Meridiane Nadeln unterschiedlich tief in die Haut gestochen werden.

akut: plötzlich einsetzend und rasch verlaufend.

ALAT → GOT

Albinismus: genetische Erkrankung, bei der ein Mangel an → Melanin vorliegt, das für die Pigmentierung von Haut, Haaren und Augen verantwortlich ist.

Albumin: Haupteiweißbestandteil des Blutplasmas, der sich in der Leber aus Aminosäuren bildet und u. a. beim Kalzium-, Hormon- und Wasserhaushalt eine Rolle spielt.

Aldosteron: von den Nebennierenrinden produziertes Hormon, das u. a. an der Regulierung des Natrium-Kalium-Haushalts und des Blutdrucks beteiligt ist.

Aldosteronismus: meist durch einen Nebennierentumor, eine → Herzinsuffienz oder einen Leberschaden hervorgerufene Überproduktion des Hormons → Aldosteron; schränkt u. a. die Funktionsfähigkeit der Nieren ein und verursacht → Bluthochdruck.

Alexie: »Wort-« und »Buchstabenblindheit«, obwohl das Sehvermögen nicht beeinträchtigt ist, z. B. infolge eines → Schlaganfalls.

Algesie → Schmerz(en)

Alkalisierung: Maßnahmen zur Verschiebung des → pH-Werts in den basischen Bereich.

Alkaloide: stickstoffhaltige Substanzen mit starker pharmakologischer Wirkung; können schon in geringer Dosierung giftig sein.

Alkalose: Störung des Säure-Basen-Gleichgewichts im Körper mit Anstieg des arteriellen pH-Werts über 7,44.

Alkoholismus: Trinksucht, Alkoholabhängigkeit.

Allergen: Substanz pflanzlicher und auch tierischer Herkunft, die bei hierfür empfindlichen Menschen eine → Allergie hervorruft.

Allergie: fehlgesteuerte Immunreaktion gegenüber körperfremden Substanzen. Das Immunsystem reagiert überschießend durch vermehrte Produktion von Abwehrstoffen, die Entzündungen z. B. an Haut oder Schleimhäuten hervorrufen.

Alopezie: Verlust oder Fehlen der Behaarung, vor allem auf dem Kopf, aber auch an allen anderen behaarten Körperpartien.

Alternativmedizin: diagnostische und therapeutische Verfahren, die sich von der Schulmedizin abgrenzen und von ihr nicht oder nur eingeschränkt anerkannt werden.

Altersschwachsinn (Dementia senilis): oft durch Gehirnerkrankungen (z. B. → Schlaganfall, → Alzheimerkrankheit) verursachte, auch als Alterserscheinung auftretende kontinuierliche Einschränkung der geistigen Fähigkeiten.

Alpha-Globulin → Globulin

Altersschwerhörigkeit → Presbyakusis

Alterssichtigkeit → Presbyopie

Alzheimerkrankheit: nach Alois Alzheimer benannte Erkrankung, bei der es infolge eines fortschreitenden Absterbens von Nervenzellen im Gehirn zu einer allmählichen Einschränkung und schließlich dem völligen Verlust der geistigen Fähigkeiten kommt.

Amaurose: Blindheit

Amblyopie: verschiedene Formen von Sehstörungen, bei denen keine organische Ursache ermittelt werden kann.

Amenorrhoe: Ausbleiben der Menstruation. Wenn keine Schwangerschaft vorliegt, können z. B. seelischer Stress oder eine hormonelle Störung die Ursache sein.

Bioenergetische Analysemethoden

Der Körper als Spiegelbild seelischer Vorgänge wird zum vorrangigen Arbeitsfeld. Unbewusste innere Blockaden finden ihren Ausdruck in einer »verkrampften« Körperhaltung und Körpersprache. Die bioenergetische Analyse geht in vier Arbeitsschritten vor:

- Verstehen von und Arbeiten mit muskulären Verspannungen
- Analyse u. a. von Träumen
- Verstehen des Heilungsprozesses als einer andauernden Spirale von Selbstwahrnehmung, Selbstausdruck und Selbstaneignung
- Betonung der ganzheitlichen Funktion von Sexualität als Ausdruck erwachsenen Liebens

Ametropie: Sammelbegriff für die verschiedenen Formen der durch Brechungsanomalien der Augenlinse hervorgerufenen Fehlsichtigkeit, z. B. → Astigmatismus.

Aminosäuren/essenzielle Aminosäuren: kleinste Bausteine der → Eiweiße. Von den über 20 Aminosäuren, die für den Aufbau der Körpereiweiße nötig sind, können acht Aminosäuren (bei Säuglingen zehn) vom Organismus nicht selbst hergestellt werden.

Analyse, bioenergetische (Bioenergetik): von Alexander Lowen entwickelte ganzheitliche Methode der → Psychotherapie (siehe Kasten).

Ammoniak: übel riechendes, farbloses Gas, das sich aus einem Stickstoff- und drei Wasserstoffatomen zusammensetzt.

Amnesie: vorübergehender Verlust des Erinnerungsvermögens oft infolge eines traumatischen Erlebnisses oder einer Kopfverletzung.

Amnion → Fruchtblase

Amnioskopie: Untersuchung des Fruchtwassers mittels eines biegsamen Metallröhrchens (Amnioskop).

Amniotomie: künstliche Fruchtblasensprengung, um die Wehen einzuleiten.

Amniozentese: meist zwischen der 16. und 18. Schwangerschaftwoche vorgenommene Untersuchung, bei der mit einer Nadel durch die Bauchdecke der Schwangeren hindurch eine Fruchtwasserprobe aus der Fruchtblase entnommen wird, um mögliche Entwicklungsdefekte des Fetus zu erkennen.

Amöbenruhr (Amöbiasis): durch Parasiten verursachte, in Mitteleuropa kaum vorkommene Infektion des Dickdarms; äußert sich durch → Durchfall, eventuell Leber-, Gehirn- oder Lungenabszesse.

Amöbiasis → Amöbenruhr

Amphetamine: Medikamente mit stimulierender, auch appetitzügelnder Wirkung.

Amputation: operative Entfernung von Gliedmaßen.

Amyotrophie → Muskelatrophie

anaerob: lebensfähig ohne Sauerstoff, z. B. bestimmte Bakterien.

Anabolika: Hormonpräparate, deren Wirksubstanzen den männlichen Hormonen (→ Testosteron) ähnlich sind.

Analeptika: synthetisch hergestellte Präparate mit stimulierender Wirkung auf Atem-, Kreislauf- und Reflexzentren.

Analfissur (Analschrunde): schmerzende oder blutende Einrisse des Afterkranzes; können bis hinein in den Afterkanal reichen.

Analfistel: oftmals infolge von Entzündungsvorgängen in der Anuswand auftretender krankhafter, meist eiternder Gewebegang, der die Innenseite des Analkanals mit der Afterhautoberfläche verbindet.

Analgesie: Einschränkung oder völliger Verlust der Schmerzempfindung.

Analgetika → Schmerzmittel

Analschrunde → Analfissur

Anämie (Blutarmut): verminderte Zahl der roten Blutkörperchen oder ihres Gehalts an Blutfarbstoff (→ Hämoglobin) u. a. durch Störungen bei der Zellbildung im Knochenmark (angeborene Defekte im Blut; Eisen- und Vitaminmangel) oder Blutverlust (z. B. starke, häufige → Menstruation).

Anamnese: Patientenbefragung nach Krankheitsverlauf und -symptomen durch den Arzt oder Heilpraktiker zur Diagnose- und Therapiebestimmung.

anaphylaktischer Schock: unmittelbare, oft lebensbedrohliche allergische Reaktion, z. B. auf Penicillin oder Insektenstiche; äußert sich u. a. durch massiven Blutdruckabfall, Atemnot, Schwellungen z. B. an Zunge und Kehlkopf bis hin zu Herz- und Atemstillstand.

Anästhesie: wörtlich »Empfindungslosigkeit«; im engeren Sinn künstliche Schmerzausschaltung durch Injektionen oder Inhalationen von → Anästhetika bei Operationen oder Entbindungen.

Welches Antibiotikum ist das richtige?

Antibiotika lassen sich in verschiedene Gruppen einteilen. Die wichtigsten sind: Penicilline, Cephalosporine, Makrolide, Tetracycline, Chinolone, Sulfonamide und Aminoglycoside. Nicht jedes Antibiotikum ist gegen jedes Bakterium gleich wirksam, wobei man unterscheidet zwischen:

- Schmalspektrumantibiotika, die sich gezielt gegen einen speziellen Erreger, z. B. gegen den Tuberkuloseerreger, richten
- Breitbandantibiotika, die sehr viele Erregertypen erfassen. Sie werden vor allem dann eingesetzt, wenn der Krankheitserreger nicht genau bekannt ist, bei schweren Infektionen oder Mischinfektionen.

Anästhetika: Wirkstoffe bzw. Medikamente, die eine → Anästhesie bewirken.

Anastomose: natürliche oder künstlich hergestellte Verbindung zwischen Blut- und Lymphgefäßen bzw. zwischen Hohlorganen, z. B. → Bypass-Operation.

Anatomie: Lehre vom inneren und äußeren Bau des Körpers.

androgene Hormone (Androgene): Gruppe von männlichen Sexualhormonen, die u. a. die Entwicklung der sekundären Geschlechtsmerkmale bewirken. Das wichtigste Androgen ist das Testosteron.

Aneurysma: angeborene oder durch eine Krankheit bzw. Verletzung hervorgerufene abnorme Ausweitung eines Blutgefäßes.

Angina → Mandelentzündung

Angina herpetica → Herpangina

Angina pectoris: mangelnde Durchblutung des Herzmuskels infolge einer krankhaften Verengung der Herzkranzgefäße (→ Herzerkrankung, koronare). Der mit Blut und Sauerstoff unterversorgte Herzmuskel ist in seiner Leistung eingeschränkt, was sich u. a. durch Schmerzen im Brustkorb nach körperlicher Anstrengung äußert.

Angiografie: Röntgendarstellung der Blutgefäße.

Angiom: gutartige Geschwulstbildung von Gefäßgewebe, z. B. → Hämangiom, Lymphangiom.

Angioplastie (Ballondilation): ein durch Ballonkatheter durchgeführtes Verfahren zur Erweiterung von verengten oder verstopften Blutgefäßen oder Herzklappen.

Anhidrosis: fehlende Schweißbildung.

Anisometropie: ungleiche Sehschärfe der Augen.

Ankylose (Gelenksteife): vollständige Versteifung eines Gelenks, oft infolge einer Verletzung oder Entzündung, kann aber auch, etwa zur Schmerzlinderung, chirurgisch herbeigeführt werden.

Anodontie: Zahnlosigkeit

Anomalie: Abweichung vom Normalzustand.

Anorexia nervosa: Magersucht; suchtartige Essstörung bis hin zur völligen Nahrungsverweigerung mit extremer Gewichtsabnahme als Folge schwerer seelischer Konflikte.

Anorexie → Appetitlosigkeit

Anosmie: Geruchsverlust

Antazida → Säurebinder

anterior (anterius, ventral): vorderer; die Vorderseite des Körpers betreffend.

Anthelmintika: Wurmmittel

Anthrax → Milzbrand

Antiarrhythmika: Wirkstoffe bzw. Medikamente, die eine Regulierung der Herzfrequenz bewirken, z. B. Beta-Blocker.

Antibabypille: → progesteron-, eventuell auch → östrogenhaltige, regelmäßig einzunehmende Pille zur Empfängnisverhütung.

Antibiotika: Mittel gegen Bakterien, das die Vermehrung der Erreger bereits in geringen Konzentrationen eindämmen bzw. diese abtöten kann.

Anticholinergika (Parasympatholytika): Medikamente zur Blockierung von Nervenbahnen, die für unwillkürliche Bewegungen, z. B. Muskelkontraktionen, verantwortlich sind.

Antidepressiva: anregende Medikamente zur Behandlung von → Depressionen.

Antidiabetika: den Blutzucker senkende Medikamente zur oralen Anwendung bei → Diabetes mellitus (Typ II).

Antidiarrhoika: Medikamente zur Behandlung von → Durchfall.

Antidiuretisches Hormon → ADH

Antidot → Gegengift

Antiemetika: Medikamente zur Behandlung von Übelkeit und Erbrechen.

Antigen: Substanz, die das Immunsystem als Fremdstoff wertet und deshalb mit der Bildung von Antikörpern zur Selbstverteidigung reagiert, z. B. bei der Bekämpfung von Krankheitserregern. Wenn das Immunsystem jedoch auch an sich harmlose Stoffe (z. B. Pollen, Nahrungsmittel) als fremd und gefährlich wertet, kommt es zu einer → Allergie.

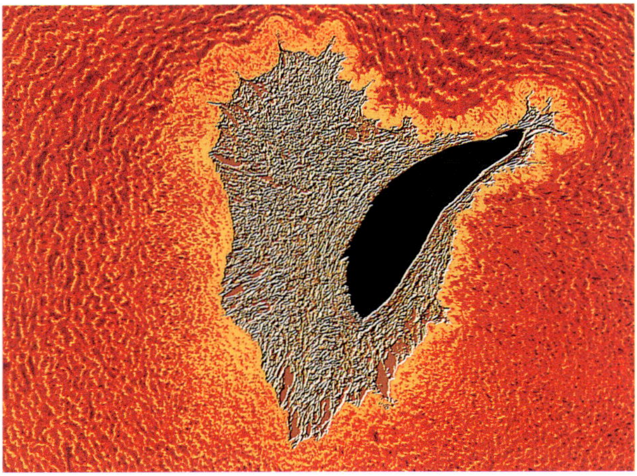

Eine verengte Arterie: Der offene Querschnitt (schwarz) ist auf etwa ein Fünftel geschrumpft, der Blutfluss ist entsprechend reduziert.

Antihistaminika: Medikamente, die verhindern, dass freigesetztes → Histamin eine allergische Reaktion hervorruft.

Antihypertensiva: Medikamente zur Behandlung von Bluthochdruck.

Antikoagulantia: Medikamente zur Vorbeugung gesteigerter → Blutgerinnung (bzw. zur Senkung der Blutgerinnungsfähigkeit).

Antikonvulsiva: Medikamente zur Behandlung von → Epilepsie.

Antikörper (Immunglobulin): Protein aus bestimmten weißen Blutkörperchen, das im Körper als Reaktion auf einen körperfremden Stoff (→ Antigen) gebildet wird, um diesen zu bekämpfen. Ein Übermaß an Antikörperbildung kann eine → Allergie oder eine → Autoimmunkrankheit hervorrufen.

Antimykotika: Medikamente zur Behandlung von Pilzinfektionen.

Antiphlogistika: Entzündungshemmer

Antipyretika: fiebersenkende Medikamente.

Antirheumatika (Rheumamittel): Medikamente zur Behandlung von rheumatischen Erkrankungen.

Antispeptika: chemische Substanzen zur Abtötung von Krankheitserregern; werden auf die Haut oder Schleimhaut aufgetragen.

Antiserum: antikörperhaltiges, aus dem Blut von Tieren gewonnenes → Serum, das zur Immunisierung gegen lebensgefährliche Infektionen bzw. als Notfallmaßnahme gegen solche verabreicht wird.

Antitoxin: synthetisch hergestellte, antikörperhaltige Substanz zur Neutralisierung von bakteriellen Giftstoffen, die ins Blut gelangt sind.

Antitussiva: Medikamente zur Linderung von Husten.

Antrum: Hohlraum, z. B. Kieferhöhle.

Antioxidanzien: zellschützende Substanzen (Vitamine A, C, E, Beta-Karotin), die gegen die Zerstörungen des Oxidationsvorgangs im Körper bzw. der freien Radikale (→ Radikale, freie) wirken.

Anurie: völliges Erliegen der Harnausscheidung.

Aorta: von der linken Herzkammer ausgehende Hauptarterie des Körpers.

Aortenklappe: eine Herzklappe

Apgar-Index: von Virginia Apgar entwickelter Test; anhand von Hautfarbe, Atem, Muskeltonus und Herzschlag wird der Zustand des Neugeborenen festgestellt.

Aphasie: Verlust der Sprechfähigkeit als Folge einer Gehirnschädigung (z. B. → Schlaganfall).

Aphonie: totaler Verlust der Stimme z. B. infolge starker seelischer Belastung.

Aphrodisiaka: Potenzmittel

Aphthen: kleine, ovale Geschwüre mit weißem Belag, die sich in der Mundschleimhaut bilden.

Apnoe: Atemstillstand

apokrine Drüse: Drüse, die zellmaterialhaltige Flüssigkeit absondert, z. B. Schweißdrüse.

Apoplexie → Schlaganfall

Appendektomie → Blinddarmentfernung, operative

Appendix vermiformis: Wurmfortsatz, Anhängsel des Blinddarms.

Appendizitis → Blinddarmentzündung

Appetitlosigkeit (Anorexie): meist vorübergehende Erscheinung während oder nach fiebrigen Erkrankungen bzw. seelischen Belastungen; kann aber auch Hinweis auf eine Erkrankung sein.

Apraxie: auf eine Gehirnschädigung zurückgehende Unfähigkeit, Muskelbewegungen zu koordinieren bzw. auszuführen, z. B. nach → Schlaganfall oder Gehirntumor.

Arachnodaktylie-Syndrom → Marfan-Syndrom

Arteria carotis: Halsschlagader

Arterie (Schlagader): alle Blutgefäße, die Blut vom Herz wegtransportieren.

Arteriitis temporalis (Horton-Syndrom, Riesenzellarteriitis): Entzündung der Kopfarterien; löst heftige Kopfschmerzen, unter Umständen auch Sehstörungen aus.

Arterienverkalkung → Arteriosklerose

Arteriografie: Röntgendarstellung der Arterien.

Arteriole: kleinste Arterie

Arteriosklerose (Arterienverkalkung): chronisch fortschreitende Verfettung, Verdickung, Verengung und Verkalkung der arteriellen Blutgefäße.

Articulatio: Gelenk, Arthros

Arthralgie: Gelenkschmerz

Arthritis: Gelenkentzündung; Sammelbegriff für eine Reihe von Krankheiten verschiedener Ursachen; äußert sich oft durch chronische Entzündung eines Gelenks mit Schmerzen, Schwellungen und Steifheit, z. B. → rheumatoide Arthritis.

Arthrodese: operativer Eingriff zur Verbindung von Knochen, um ein krankhaft verändertes Gelenk bewegungsunfähig zu machen, z. B. bei → rheumatoider Arthritis.

Arthrografie: Röntgendarstellung der Gelenke.

Arthroplastik: chirurgischer Einsatz eines aus Metall oder Kunststoff bestehenden künstlichen Gelenks, z. B. als Ersatz für ein geschädigtes Hüftgelenk.

Arthros: Gelenk

Arthrose: chronisch fortschreitende, schmerzhafte, funktionseinschränkende Gelenkveränderungen häufig durch Abnutzung, seltener durch Verletzungen.

Arthroskopie: Diagnoseverfahren zur Feststellung von Gelenkschäden mittels eines → Endoskops.

Arzneimittel: Pharmakon

Asbestose: Lungenvernarbungen durch Einatmen von Asbestfasern; gehen u.a. mit Atemnot und chronischem trockenem Husten einher und können → Lungenkrebs verursachen.

Ascorbinsäure: Vitamin C

ASPAT → GOT

Aspergillose: Lungeninfektion durch den Pilz Aspergillus, die für Menschen mit einer Immunschwäche tödlich sein kann.

Aspiration: Aufsaugen von Flüssigkeit oder Gas aus dem Körper, aber auch Eindringen von Flüssigkeit oder festen Stoffen (z. B. Erbrochenes) in die Lunge durch Einatmen.

Asthenie: Kraftlosigkeit, Schwäche

Asthenie, neurozirkulatorische: → Herzneurose

Asthma: wiederkehrende Anfälle von Asthma, z. B. bei → Asthma bronchiale.

Pfeifen und Giemen bei Asthma bronchiale

Zu den typischen Symptomen eines Asthmaanfalls gehören:

- Husten mit meist zähem Auswurf
- Erschwerte Atmung bis hin zur Atemnot, wobei speziell das Ausatmen behindert ist
- Erhöhter Puls
- Rasselgeräusche bzw. ein Giemen, Pfeifen und Brummen während des Ausatmens, das oft schon auf Distanz hörbar ist

Asthma bronchiale kann als dauernde Atembehinderung oder als plötzlicher Anfall auftreten. Während eines solchen Anfalls ist die Bronchialmuskulatur verkrampft, die -schleimhaut entzündet und geschwollen und der -schleim eingedickt. Der Innendurchmesser der Bronchien ist so stark verkleinert und durch zähen Schleim verstopft, dass die Luft kaum mehr hindurchströmen kann, was das typische pfeifende, giemende Geräusch verursacht.

Asthma bronchiale (Bronchialasthma): entzündliche Erkrankung der Atemwege mit bronchialer Hyperaktivität, die teils massive Atembehinderung (vor allem beim Ausatmen) nach sich zieht und u. a. infolge von Infektionen, körperlicher Anstrengung oder als allergische Reaktion (→ Allergie) auftritt.

Asthma cardiale → Herzasthma

Astigmatismus (Stabsichtigkeit): Sehschwäche infolge einer Hornhautverkrümmung.

Astrozytom: bösartiger Hirntumor

asymptomatisch: ohne Symptome verlaufend, ist aber dennoch medizinisch nachweisbar.

Asystolie → Herzstillstand

Aszites: Anschwellung des Bauchs infolge extremer Flüssigkeitsansammlung in der Bauchhöhle.

Ataxie: meist auf eine Gehirnschädigung zurückgehende Störung in der Koordination von Bewegungsabläufen, z. B. wankender Gang.

Atemstillstand: plötzliches Aussetzen des Atems, z. B. durch Unfall oder → Schlaganfall.

Äther: farblose Flüssigkeit, die beim Einatmen bewusstlos macht.

Atherom: Fettablagerung in den Gefäßen, die u. a. zu → Arteriosklerose führt.

Atherosklerose → Arteriosklerose

Athetose: auf eine Funktionsstörung des Nervensystems zurückgehender Kontrollverlust der Bewegungsabläufe von Kopf und Gliedmaßen; meist als Begleiterscheinung von → Chorea Huntington.

Ätiologie: Ursachenforschung einer Erkrankung, z. B. mittels Laboruntersuchungen.

Atmungsinsuffizienz (respiratorische Insuffienz): Atemnot infolge Sauerstoffmangels, z. B. bei → Asthma bronchiale.

Atmungsorgane (Respirationstrakt): Nase, Mund, Rachen, Kehlkopf und Luftröhre bilden die oberen Luftwege, die beiden Stammbronchien, Bronchialbaum, Bronchiolen und Lungenbläschen die unteren Luftwege.

Atonie: Schlaffheit

Atopie: vererbliche Neigung zur Entwicklung von Allergien.

atopisches Ekzem → Neurodermitis

ATP (Adenosintriphosphat): Hauptenergieträger des Organismus.

Atresie: angeborener Verschluss von Hohlorganen oder natürlichen Körperöffnungen, z. B. Darmatresie.

Atrium: Vorhof

Atrophie (Gewebeschwund): durch verminderte Zellbildung verursachte Schrumpfung eines Gewebes oder Organs, oft infolge mangelnder Bewegung, z. B. durch einen Gips ruhig gestellte Muskeln.

Audiologie: Teilgebiet der → HNO-Heilkunde; Schwerpunkt: Funktion und Störungen des Hörvorgangs.

Aufstoßen (Rülpsen; Ruktus): aus dem Magen kommende und über den Mund entweichende Luft.

Augenermüdung: Schmerzen in den Augen, meist als Folge von Übermüdung.

Augenheilkunde: Ophthalmologie

Augenhöhle: Orbita

Augenlidentzündung (Blepharitis): infolge einer Störung der Talgdrüsenproduktion oder durch bakterielle Infektion ausgelöste schuppige Sekretbildung; der Lidrand juckt, ist gerötet und verkrustet.

Augenprothese: künstliches Auge

Augenspiegel: Ophthalmoskop

Aureotherapie → Goldtherapie

Aurikel (Aurikola): Ohrmuschel

Auris: Ohr

Auris media: Mittelohr

Ausfluss → Scheidenausfluss

Auskulation: meist mit einem → Stethoskop durchgeführtes Abhorchen der Töne im Körper, z. B. Darmgeräusche oder Herztöne.

Ausschabung → Kürettage, → Gebärmutterausschabung

Ausscheidung (Exkretion): Abfallprodukte aus dem Organismus werden durch Urin und Stuhl ausgeschieden.

Ausschlag → Hautausschlag

Auswurf (Sputum): in den Atemwegen produziertes schleimiges Sekret, z. B. infolge einer Infektion.

Autismus: Zustand unbekannter Ursache, der von Beziehungslosigkeit, extremer Abkapselung und starker Abneigung gegen Veränderung gekennzeichnet ist; macht sich bereits in den ersten Lebensjahren bemerkbar.

Autoimmunkrankheit: Fehlsteuerung im Immunsystem. Körpereigene Zellen und Organe werden fälschlicherweise als Fremdkörper angesehen und bekämpft, so z. B. bei den Autoimmunkrankheiten → rheumatoide Arthritis oder → Colitis ulcerosa.

autonomes Nervensystem → vegetatives Nervensystem

Autovakzine: Eigenimpfstoffe aus inaktiven Sekreten und Körperflüssigkeiten, z. B. Urin, die dem Patienten zur Immunstärkung wieder zugeführt werden.

AV-Fistel: arteriovenöse Fistel

Avitaminose → Vitaminmangel

Avulsion: infolge eines Unfalls Abtrennung eines Körperteils, aber auch bestimmte operative Entfernungen, z. B. von → Krampfadern.

Axilla: Achselhöhle

Axon: für die Weiterleitung von Impulsen zuständiger Fortsatz einer Nervenzelle.

Azidose: Störung des Säure-Basen-Gleichgewichts im Körper durch zu viel Säure.

Azoospermie: angeborener oder erworbener Mangel an beweglichen Spermien; hat männliche Unfruchtbarkeit zur Folge.

B

B-Zellen → Lymphozyten

Backenzahn: Prämolar

Baker-Zyste: mit Flüssigkeit gefüllter Sack in der Kniekehle.

Bakteriämie: Bakterienvorkommen im Blut.

Bakterien: einzellige Mikroorganismen, von denen viele Infektionskrankheiten hervorrufen.

Bakterienruhr (Shigellose): zumeist durch Bakterien der Shigella-Gruppe verursachte schwere akute Darminfektion.

Balanitis: schmerzhafte, juckende, meist durch Bakterien oder Pilze hervorgerufene Entzündung der Eichel bzw. der Penisvorhaut.

Balbutis: Stottern

Ballonkatheter: Kunststoffschlauch mit einem Ballon zur Druckausübung auf ein Organ (z. B. Blasenkatheter) oder zur Postionshaltung des Schlauchs.

Balsamum peruvianum → Perubalsam

Bänderzerrung: meist durch einen (Sport-)Unfall hervorgerufene Verletzung des Bandapparats, der ein Gelenk stabilisiert.

Bandscheibenhernie, -prolaps → Bandscheibenvorfall

Bandscheibenvorfall (Nucleus-pulposus-Prolaps, Diskusprolaps): schmerzhafte Erkrankung meist des unteren Teils der Wirbelsäule, bei der der gallertige Kern der Bandscheibe aus dem Bandscheibenring herausquillt und auf den Ischiasnerv oder – weiter oben – auf die Rückenmarksnerven drückt.

Bandwürmer (Zestoden): vielgliedrige Parasiten, die über den Verzehr von halbgarem Rind-, Schweinefleisch oder Fisch in den Magen-Darm-Trakt gelangen und sich dort einnisten.

Barbiturate: Medikamente, die auf die Gehirnaktivität dämpfend wirken; werden u. a. bei Schlafstörungen und Ängsten eingesetzt.

Barium-Röntgenkontrastuntersuchung: Röntgenverfahren zur Diagnose von Erkrankungen des Magen-Darm-Trakts.

Barotrauma: infolge von äußerer Druckveränderung (z. B. Tauchen, Flug) Schmerzen im Mittelohr und/oder Nasennebenhöhlen.

Bartflechte (Sykose): Entzündung der Hautfollikel (→ Follikel) im Bartbereich.

Bartholin-Drüsen: die beiden ovalen Sekretdrüsen seitlich des Scheideneingangs.

Basalganglien: paarig angeordnete Gehirnnervenzellen, die für die Muskelaktivität bedeutsam sind.

Basaliom: nagendes Geschwür, halb bösartiger Hauttumor

Basalzellkarzinom: bösartiges metastasierendes → Basaliom

Base: alkalische Lösung

Basedow-Krankheit (Graves-Krankheit): Schilddrüsenfunktionsstörung mit Kropfbildung durch übermäßige Produktion von Schilddrüsenhormonen.

Battered-Child-Syndrom: Kindesmisshandlung

Bauch: Abdomen

Bauchauftreibung: ein u. a. durch Blähungen hervorgewölbter Bauch.

Bauchfellentzündung (Peritonitis): oft durch Bakterien hervorgerufene, von starken Schmerzen begleitete Infektion der die Bauchhöhle auskleidenden Haut.

Bauchspeicheldrüsenentfernung (Pankreatektomie): ist angezeigt bei → Bauchspeicheldrüsenentzündung oder → Bauchspeicheldrüsenkrebs; kann partiell oder total sein.

Bauchspeicheldrüsenentzündung (Pankreatitis): durch Viren, → Gallensteine, Alkohol- oder Arzneimittelmissbrauch verursachte akute oder chronische Infektion der Bauchspeicheldrüse.

Bauchspeicheldrüsenkrebs (Pankreaskarzinom): bösartige Krebsform unbekannter Ursache der die Verdauung und den Blutzucker regulierenden Drüse.

Bauchspiegelung (Laparoskopie): mit einem optischen Instrument (Laparoskop) durchgeführte Untersuchung u. a. von Becken, Bauchhöhle und weiblichen Fortpflanzungsorganen.

Bauchtyphus → Fleckfieber

Baunscheidt-Verfahren: nach Carl Baunscheidt benannte Methode zur Ableitung oder Ausleitung schädlicher Stoffe aus der Oberhaut mittels eines speziellen Apparats.

Ausreichend Bewegung und Sport sind fast so wichtig wie das tägliche Brot. Aber nehmen Sie sich auch für die Aufwärmung der Muskulatur Zeit, sonst kommt es schnell zu schmerzhaften Bänderzerrungen.

BCG-Impfung → Tuberkulose-impfung

Bechterew-Krankheit (Spondylarthritis ankylosans): chronische Entzündung der Gelenke in der Wirbelsäule und Kreuzbeingegend.

Becken: Pelvis

Beckenbodentraining: spezielle Übungen zur Stärkung und Straffung der Muskeln und Sehnen im Unterleib, die infolge von Geburt oder Alterung erschlafft sind.

Beckenentzündung: schmerzhafte Infektion der weiblichen Fortpflanzungsorgane.

Befruchtung (Fertilisation): durch Geschlechtsverkehr oder → künstliche Befruchtung herbeigeführte Vereinigung einer weiblichen Eimit einer männlichen Samenzelle, bei der die Kerne beider Zellen verschmelzen.

Behaarung, übermäßige (Hirsutismus): u. a. infolge von Erkrankungen (z. B. → Stein-Leventhal-Syndrom), aber auch durch regelmäßige Einnahme von → Anabolika.

Behçet-Krankheit: nach Hulusi Behçet benannte, meist chronische Erkrankung; äußert sich u. a. durch Geschwürbildungen im Mund und an den Genitalien, Hautausschläge und Augenentzündungen.

benigne: gutartig

Benommenheit (Somnolenz): ein u. a. durch → Fieber, Kopfverletzung oder → Hirnhautentzündung verursachter Zustand zwischen → Bewusstsein und → Bewusstlosigkeit.

Benzodiazepine: Medikamente zur körperlichen und geistigen Entspannung, z. B. zur Behandlung von Ängsten.

Bergkoller (Höhenkrankheit): vorübergehende Beschwerden, z. B. Kopfschmerzen, Schwindel, Übelkeit, die durch einen zu schnellen Anstieg auf eine Höhe von über 2500 Metern verursacht werden.

Beriberi → Vitamin-B-Mangel

Berylliose: durch Kontakt mit berylliumhaltigen Substanzen hervorgerufene Erkrankung; führt u. a. zu Schädigungen der Lunge und Leber.

Besenreiservenen (Teleangiektasie): rötlich sichtbare Erweiterung kleiner Blutgefäße unter der Hautoberfläche, z. B. an Wangen.

Beta-Blocker: die Beta-Rezeptoren blockierende Medikamente zur Behandlung von → Bluthochdruck und Herzbeschwerden.

Beta-Globulin → Globulin

Bettnässen (Enuresis): unwillkürliches Wasserlassen im Schlaf ab dem vierten Lebensjahr.

Betäubung → Anästhesie

Betäubungsmittel (Narkotikum): stark wirksame, unter das Betäubungsmittelgesetz fallende Schmerzmittel.

Beta-Karotin (Provitamin A): Vorstufe von Vitamin A; wird mit der Nahrung aufgenommen und im Körper in Vitamin A umgebaut.

Beulenpest → Pest

Bewegungskrankheit (Kinetose, Reisekrankheit): durch u. a. Unwohlsein, Übelkeit und Erbrechen gekennzeichnete Reaktion des Gleichgewichtsorgans im Innenohr auf sich wiederholende, gleichbleibende Bewegungen, z. B. bei Flug- oder Schiffsreisen.

Bewusstlosigkeit: vorübergehender Verlust des Bewusstseins z. B. infolge einer Kopfverletzung; Wahrnehmungs- und Reaktionsfähigkeit auf die Umgebung sind kurzzeitig außer Kraft gesetzt.

Bewusstsein: normaler Zustand; ungetrübte Reaktions- und Wahrnehmungsfähigkeit seiner selbst und seiner Umgebung.

Bezoar: Knäuel aus unverdaulichen Substanzen im Magen.

bilateral: beidseitig

Bilharziose → Schistosomiasis

Bilirubin: gelb- bis rötlichbrauner Gallenfarbstoff

Bilis: Gallenfüssigkeit

Billroth-Operation: operative Magenentfernung, meist des unteren Teils.

bilocularis: zweikammerig

Bindegewebe: alle Körperorgane umhüllendes und verbindendes Gewebe, mit festigender und stützender Funktion, bestehend aus Zellen und einer Art »Kittsubstanz«.

Bindegewebsschwäche: oft erblich bedingte übermäßige Nachgiebigkeit des Bindegewebes.

Bindehautentzündung (Konjunktivitis, rotes Auge): meist durch äußere Reize (z. B. Zugluft), durch → Allergie oder Viren bzw. Bakterien hervorgerufene Infektion der Bindehaut; führt zu Rötungen des Auges und zu Sekretbildung.

Biopsie: mikroskopische Untersuchung von Zell- oder Gewebeproben zur Diagnose.

Biotin: wasserlösliches Vitamin B7

Bioverfügbarkeit: Maß für Geschwindigkeit und Anteil der Aufnahme bestimmter Stoffe im Blut, z. B. 100 Prozent Bioverfügbarkeit bei intravenöser Medikamentengabe.

BKS (Blutkörperchensenkungsreaktion): Geschwindigkeit, mit der die roten Blutkörperchen in einem Glasröhrchen nach unten sinken.

Blähbauch (Flatulenz): durch den Verzehr von schwer verdaulichen Nahrungsmitteln oder infolge einer Störung im Magen-Darm-Trakt hervorgerufenes Völlegefühl im Unterbauch mit Windenbildung.

Blähung(en) (Flatus): im Dickdarm entstehende, durch den After entweichende Gase (Winde).

Blasenentfernung, operative (Zystektomie): angezeigt z. B. bei Blasenkrebs.

Blasenentleerung: Miktion

Blasenkarzinom: bösartige Geschwulst der Blase.

Blutdruckmessungen

Durch die Muskelkraft des Herzes wird das Blut mit einer Druckwelle in die Adern gepumpt. Blutdruckwerte setzen sich aus zwei Zahlen zusammen, dem systolischen Wert (höhere Zahl, vor dem Schrägstrich), wenn sich die Herzkammern zusammenziehen, und dem diastolischen Wert (niedrigere Zahl, nach dem Schrägstrich), wenn sich der Herzmuskel entspannt und mit einströmendem Blut gefüllt wird. Die Einheit »mmHg« bedeutet »Millimeter auf der Quecksilbersäule«. Der ideale Wert für Erwachsene liegt bei etwa 120/80 mmHg.

Blasenspiegelung (Zystoskopie): mit einem optischen Instrument (Zystoskop) durchgeführte Untersuchung u. a. von Harnröhre und -blase zur Abklärung von Krankheitsursachen.

Blattern → Pocken

Blausucht (Zyanose): meist infolge von mangelnder Durchblutung oder Frieren bläuliche Verfärbung der Haut und Schleimhäute.

Bleivergiftung: u. a. Störungen der Gehirnfunktion, Fruchtbarkeit und des Verdauungssystems infolge Einatmens von Bleidämpfen oder Einnahme von Bleisalzen.

Blepharitis → Augenlidentzündung

Blepharospasmus → Lidkrampf

Blinddarm: Caecum, umgangssprachlich für Appendix vermiformis

Blinddarmentzündung (Appendizitis): durch plötzlich auftretende Schmerzen im rechten Unterbauch gekennzeichnet, die sich durch Husten oder Niesen verstärken.

Blinddarmentfernung, operative (Appendektomie): angezeigt bei akuter Blinddarmentzündung.

Blindheit: Amaurose

Blut: im Herz-Kreislauf-System zirkulierende Körperflüssigkeit, die als Transportsystem (Sauerstoff und Abfallprodukte) sowie zur Abdichtung von Haut- und Gewebeverletzungen (→ Blutgerinnung) dient; ist auch für das Immunsystem von Bedeutung.

Blutarmut → Anämie

Blutbild: Gesamtbild des Bluts aufgrund einer Reihe von mikroskopischen Untersuchungen, z. B. Anteil von roten und weißen Blutkörperchen.

Blutdruck → Bluthochdruck, → Blutdruck, niedriger

Blutdruck, niedriger (Hypotonie): vom Normalwert nach unten abweichender Blutdruck als Folge einer unangemessenen Verteilung des Bluts im Körper; ruft unter Umständen Schwindel und Ohnmachtsanfälle hervor.

Blutdrucksenker → Antihypertensiva

Bluterbrechen (Hämatemesis): bräunliches bis schwarzes Erbrechen von Blut, das auf Blutungen im Verdauungstrakt hinweist.

Bluterkrankheit → Hämophilie

Bluterguss (Hämatom): meist durch Gewalteinwirkung von außen verursachtes Austreten von Blut ins Binde- oder Muskelgewebe bzw. Gelenk; äußert sich oft auch durch Schwellungen.

Blutgerinnsel: Embolus, Thrombus

Blutgerinnung: Erstarrung des Bluts unter Beteiligung der → Blutplättchen nach einer Verletzung von Blutgefäßen, um diese abzudichten.

Blutgerinnungstest: diagnostische Verfahren zur Abklärung eines Mangels an Blutgerinnungsfaktoren; anhand einer Auswahl an Gerinnungsfaktoren (z. B. Zahl der → Blutplättchen) wird die Gerinnungszeit des Bluts mit Normalwerten verglichen.

Bluthochdruck (Hypertonus, Hypertonie): vom Normalwert nach oben abweichender Blutdruck, meist ohne erkennbare Ursache oder infolge z. B. von Nierenerkrankungen oder Medikamenteneinnahme. Bluthochdruck bleibt zunächst oft unbemerkt, kann aber unbehandelt z. B. Herzschwäche, Herzversagen verursachen.

Bluthusten (Hämoptoe oder Hämoptyse): hellroter bis bräunlicher → Auswurf mit Blutanteil, der zumeist auf durch Infektionen hervorgerufene Verletzungen von Blutgefäßen der Atemwege, Nase oder Rachen zurückzuführen ist.

Blutkrebs → Leukämie

Blutpfropf (Thrombus): lebensbedrohliches Blutgerinnsel; bildet sich in Venen oder Arterien und blockiert die Blutzufuhr z. B. zu Gehirn oder Herz.

Blutplättchen: Thrombozyten; an der → Blutgerinnung beteiligt.

Blutschwamm → Angiom

Bluttransfusion (Transfusion): Blutübertragung

Bluttransfusion, autologe: Eigenblutspende

Blutübertragung → Bluttransfusion

Blutung: Hämorrhagie; Austritt von Blut aus Gefäßen in das Gewebe oder an die Körperoberfläche.

Blutvergiftung (Septikämie, Sepsis, Toxämie): durch eine bakterielle Infektion verursachtes, oft lebensbedrohliches Auftreten von Giftstoffen im Blut.

Blutvolumenmangel (Hypovolämie): durch starken Blutverlust hervorgerufene Verminderung der zirkulierenden Blutmenge, z. B. infolge Verletzung, Verbrennung.

Blutwäsche → Dialyse

Blutzucker → Glukose

Bohnenkrankheit (Favismus): genetische Überempfindlichkeit nach Verzehr der Bohne Vicia Faba, deren Substanzen bei den Betroffenen rote Blutkörperchen zerstören.

Borreliose (Lyme-Krankheit): durch infizierte Zecken übertragene bakterielle Infektion; äußert sich u. a. durch grippeähnliche Symptome und Gelenkentzündungen.

Botulismus: durch das Bakterium Clostridium botulinum hervorgerufene schwere Lebensmittelvergiftung, die Störungen im Nervensystem verursacht.

Bougierung: Aufdehnen, Erweitern z. B. der Harnröhre.

Brachialgie: meist als Begleiterscheinung von Schultersteife, Arthritis oder eingeklemmten Nerven auftretende schmerzhafte, mit Taubheitsgefühl einhergehende Versteifung des Arms.

Bradykardie: von der Norm abweichende Herzfrequenz unter 60 Schläge in der Minute.

Brechmittel (Emetikum, Mehrzahl: Emetika): Substanzen, die über eine Erregung des Brechzentrums im verlängerten Rückenmark Erbrechen hervorrufen.

Brechreiz → Erbrechen

Bronchiektasie: Überdehnung der Bronchien und damit einhergehende Schädigungen, meist infolge einer Infektion der Atemwege.

Bronchitis: akute oder chronisch verlaufende Entzündung der Bronchien mit Husten und starker Schleimbildung.

Bronchografie: Röntgendarstellung der Bronchien bzw. der Atemwege von der Luftröhre zu den Lungenbläschen.

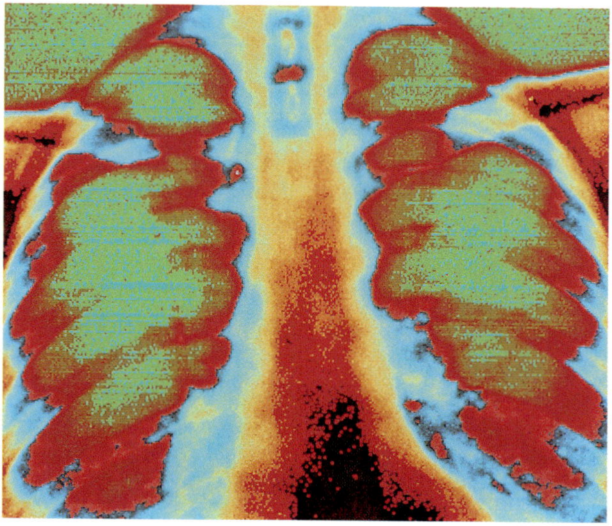

Zur Erkennung von Erkrankungen im Brustraum stehen der Medizin heute eine ganze Reihe von bildgebenden Verfahren zur Verfügung; so z. B. Röntgenaufnahmen, Computertomografie und Kernspintomografie.

Bronchokonstriktoren: atemwegsverengende Substanzen.

Bronchopneumonie: häufigste Form der → Lungenentzündung.

Bronchoskopie: mit einem optischen Instrument (→ Endoskop) durchgeführte Untersuchung der Bronchien.

Bronchus: paariger Hauptast der Atemwege.

Bruch, Knochen-: Fraktur

Brücke: Pons (im Gehirn)

Brust: Mamma

Brustbein: Sternum

Brustdrüsen: Glandula mammaria

Brustdrüsenentzündung (Mastitis): meist durch eine bakterielle Infektion hervorgerufene Entzündung des Brustgewebes, z. B. durch → Stillen, vor allem im Bereich der Brustwarzen.

Brustenge → Angina pectoris

Brustentfernung: Mastektomie, Mammaamputation

Brustgeschwulst (Mammatumor): harmlose oder bösartige, oft tastbare Zyste oder Geschwulst im Brustgewebe.

Brustkorb: Thorax

Brustkrebs (Mammakarzinom): bösartige Geschwulst im Brustgewebe.

Brutkasten: Inkubator

Bruxismus → Zähneknirschen

Bruzellose: durch das Bakterium Brucella verursachte, direkt von

Rindern, Ziegen oder Molkereiprodukten übertragene Infektion; äußert sich u. a. durch hohes → Fieber und Kopfschmerzen.

BSE (Creutzfeldt-Jakob-Krankheit; »Rinderwahnsinn«): gehirnzerstörende, tödlich verlaufende Erkrankung. Die Rinderkrankheit BSE wird vermutlich durch das Essen von Fleischprodukten auf den Menschen übertragen. Es dauert etwa zwölf Jahre, bis Menschen nach der Infektion mit dem BSE-Erreger erkranken. Dann allerdings erfolgt der Tod innerhalb eines Jahres.

Bulimie (Bulimia nervosa): suchtartige Essstörung, die durch den ständigen Wechsel von Essanfällen und herbeigeführtem → Erbrechen gekennzeichnet ist.

Burkitt-Lymphom: bösartiger Tumor des Lymphgewebes, vorrangig in Kiefer und Bauch.

Bursa → Schleimbeutel

Bursitis: Schleimbeutelentzündung

Bursitis praepatellaris → Putzfrauenknie

BWS: Brustwirbelsäule

Bypass-Operation: Umgehungsoperation, bei der ein verengter Arterienabschnitt durch Einsetzen eines Gefäßstücks überbrückt wird.

C

Caecum: Blinddarm

Calcaneus (Kalkaneus): Fersenbein

Calculus dentis: Zahnstein

Calculus der Harnwege → Harnsteine

Callositas: Hornschwiele

Candidamykose → Hefepilzerkrankung

Candidiasis → Hefepilzerkrankung

Caninus: Eckzahn

Cantharidin: Substanz zur ausleitenden Therapie und Hautreizung

Caput: Kopf

Caput obstipum → Schiefhals

Carcinoma ventriculi → Magenkrebs

Cardiopulmonäre Reanimation → Herz-Lungen-Wiederbelebung

Cartilago: Knorpel

CAT-Aufnahme → Computertomografie

Cavitas tympanica: Tympanum, Paukenhöhle des Mittelohrs

Cellula → Zelle

Cerebellum: Kleinhirn

Cerebrum: Großhirn

Cervix dentis: Zahnhals

Cervix uteri: Gebärmutterhals

CFS (chronic fatigue syndrome): chronisches Erschöpfungssyndrom; allgemeine körperliche und geistige Abgeschlagenheit, vermutlich infolge seelischer Überlastung bzw. bestimmter Virusinfektionen (z. B. → Epstein-Barr-Virus).

Charcot-Krankheit: andere Bezeichnung für → multiple Sklerose

Cheilitis: Lippenentzündung

Cheiloschisis → Lippenspalte

Chemonukleolyse: Injektion des Enzyms Chymopapain in eine vorgefallene Bandscheibe (→ Bandscheibenvorfall) zur Linderung des Drucks auf den Ischiasnerv.

Chemotherapie: Behandlung von Krankheiten mit chemischen Mitteln, die den Eigenstoffwechsel der Krankheitserreger oder von Tumorzellen stört, hemmt und abtötet.

Chinarestaurant-Syndrom: vorübergehende Beschwerden (z. B. Herzklopfen, Hitzewallungen, Übelkeit), hervorgerufen durch eine Überempfindlichkeit nach dem Verzehr von mononatriumglutamathaltigen Speisen.

Chlamydieninfektion: winzigste Bakterienart; löst durch sexuelle Übertragung Harnwegs- und Unterleibsinfekte aus.

Chloroform: farblose Flüssigkeit mit betäubender Wirkung.

Cholagogum: Arznei zur Behandlung von Funktionsstörungen im Bereich der Gallenwege.

Cholangiografie: Röntgenkontrastdarstellung der Gallengänge.

Cholangiom, malignes: seltene bösartige Geschwulst in einem der Gallengänge; äußert sich u. a. durch → Gelbsucht.

Cholangitis → Gallengangentzündung

Cholecalciferol: Vitamin D3

Cholelithiasis: Gallensteinleiden

Cholera: durch die Bakterien Vibrio cholerae hervorgerufene schwere Infektion des Dünndarms; wässriger Durchfall und eventuell Erbrechen führen zu extremem Wasserverlust.

Cholestase → Gallenstauung

Cholesteatom → Perlgeschwulst

Cholesterin: Baustoff der Körperzellen, auch als Teil der Lipoproteine im Blut vorkommend. Unterschieden wird zwischen »gutem« HDL- und »schlechtem« LDL-Cholesterin.

Cholesterinspiegel, hoher: krankhafte Erhöhung der Blutcholesterinwerte. Gilt als Risikofaktor u. a. für → Bluthochdruck, → Herzinfarkt und → Schlaganfall.

Cholezystektomie → Gallenblasenentfernung, operative

Cholezystitis → Gallenblasenentzündung

Cholezystocholangiografie: Röntgenkontrastdarstellung der Gallenblase und -gänge.

Chondritis → Knorpelentzündung

Chondrokalzinose-Syndrom (Pseudogicht): Form der → Arthritis infolge von abnormen kalziumhaltigen Ablagerungen im Gelenk.

Chondromalacia patellae: Stoffwechselstörung, die bei Jugendlichen die Kniescheiben zerstört.

Chondromatose: vermehrte gutartige Tumorbildung in den Knochen.

Chorea Huntington: durch einen genetischen Defekt der → Basalganglien hervorgerufene Erkrankung, die sich u. a. durch unkontrollierte, unregelmäßige, ruckartige Bewegungen (→ Veitstanz) äußert.

Chorioiditis: Entzündung der Aderhaut des Auges (Choroidea).

Chorion: Zottenhaut, äußere Membran der Fruchtblase, die auf dem → Amnion aufliegt und bei Schwangerschaft die Gebärmutter auskleidet.

Choriongonadotropin, humanes (HCG): in der Frühschwangerschaft produziertes und im Urin nachweisbares Hormon zur Stimulierung der → Östrogen- und → Progesteronbildung. Dient auch als Basis für die meisten Schwangerschaftsfrüherkennungstests.

Chorionzottenbiopsie (Zottenhautprobe): in den ersten Schwangerschaftswochen vorgenommene Untersuchung einer Chorionzottenprobe (→ Chorion) zur Abklärung eines embryonalen Entwicklungsdefekts.

Choroidea: Aderhaut des Auges

Chromosomen: in jedem Zellkern vorkommende stäbchenförmige Strukturen aus → DNA; Träger des Erbguts.

Chromosomenanalyse: Untersuchung des Chromosomenmaterials der Zellen, z. B. mittels → Amniozentese, → Chorionzottenbiopsie, zur Früherkennung von fetalen Entwicklungsdefekten.

chronisch: langsam verlaufend oder entstehend.

Cicatrix: Narbe

Claudicatio: Hinken

Claudicatio intermittens → Schaufensterkrankheit

Clavicula: Schlüsselbein

Clavus → Hühnerauge

Cochlea: Schnecke, Teil des Innenohrs

Colitis ulcerosa → Dickdarmentzündung

Collum: Hals

Colon irritabile → Reizdarm

Colonmassage: spezielle Darmmassage zur Linderung von Blähungen und Darmträgheit.

Columna vertebralis: Wirbelsäule

Commotio cerebri → Gehirnerschütterung

Compliance: Bereitschaft des Patienten, sich an die Anweisungen und Ratschläge des Therapeuten zu halten, z. B. die richtige Einnahme verordneter Medikamente.

Computerdiagnostik: medizinische Diagnostik unter Einsatz der elektronischen Datenverarbeitung, z. B. Auswertung von Laborwerten per Computer.

Computertomografie (CT): röntgenologisches Verfahren in Kombination mit Bildaufbau durch einen Computer; liefert detaillierte Schnittbilder von Körperpartien aus unterschiedlichen Perspektiven (siehe Kasten Seite 32).

Conduit: künstlicher Harnableitungsweg

Condylomata acuminata → Feigwarzen

Conjunctivitis → Bindehautentzündung

Congelatio → Erfrierung

Conn-Syndrom: durch eine gutartige Geschwulst in der Nebenniere hervorgerufene vermehrte Ausschüttung von → Aldosteron.

Coping: Begriff aus der Stressforschung; beschreibt die Fähigkeit eines Menschen, seine Krankheit zu bewältigen.

Cor: Herz

Cornea: Hornhaut des Auges

Corpus luteum → Gelbkörper

Corpus pineale: Zirbeldrüse

Corpus vitreum: Glaskörper des Auges

Cortex → Rinde

Coryza → Schnupfen

Costae → Rippen

Cranium: Kranium, Schädel

Crohn-Krankheit → Enteritis regionalis

Croup → Krupp

CT → Computertomografie

Cumarine: stark riechende Pflanzenstoffe; wirken gerinnungshemmend und ausschwemmend.

Cunnus: äußeres weibliches Genital → Vulva

Curare: Pfeilgift südamerikanischer Indios; wird zur Muskelerschlaffung vor → Narkosen eingesetzt.

Cushing-Syndrom: Stoffwechselstörung durch erhöhte Ausschüttung von Nebennierenrindenhormonen; äußert sich u. a. durch chronische Gesichtsrötungen und Unterfunktion der Geschlechtsdrüsen.

Computertomografie – so funktioniert sie

Das Aufnahmegerät wird kreisförmig um den Patienten herumgeführt, um das zu untersuchende Organ oder den Körperteil aus allen Blickwinkeln mit einem feinen Röntgenstrahlenbündel abzutasten. Aus den gemessenen Strahlenintensitäten errechnet der Computer dann ein exaktes Bild des durchstrahlten Körpergewebes. Abgesehen davon, dass die Strahlenbelastung wesentlich geringer als bei einer herkömmlichen Röntgenuntersuchung ist, ist die CT derzeit die exakteste Methode, um z. B. Gewebewucherungen festzustellen.

Cyanid: Blausäure

Cyanocobalamin: Vitamin B12

Cystitis → Harnblasenentzündung

D

Dakryozystitis: Tränensackentzündung

Damm (Perineum): Bereich zwischen After und äußeren Geschlechtsteilen (Vorderdamm) bzw. zwischen After und Steißbein (Hinterdamm).

Dammschnitt (Episiotomie): Erweiterung des Scheideneingangs während der Geburt bei teilweiser Durchtrennung des Dammgewebes (→ Damm), um ein unkontrolliertes Reißen des Gewebes zu verhindern.

Darm (Intestinum): Verdauungskanal zwischen Magenausgang und After, besteht aus Dünndarm, Dickdarm und Mastdarm.

Darmeinlauf: Maßnahme zur Darmreinigung; lauwarmes Wasser oder Kräutertee wird mit einem Irrigator in den Darm eingebracht.

Darmflora: die im menschlichen Dickdarm vorkommenden nützlichen und erwünschten Kleinstorganismen und Bakterien mit Verdauungsfunktion, z. B. Kolibakterien.

Darmkrebs (Darmkarzinom): bösartiger Tumor, vom Darmgewebe ausgehend.

Darmspiegelung (Koloskopie): mit einem optischen Instrument (Endoskop) durchgeführte Untersuchung des Dickdarms.

Darmverschlingung (Volvulus): angeborene oder infolge von Verwachsungen entstandene Verdrehung eines Darmabschnitts um seine Achse, die oft → Darmverschluss oder → Gangrän verursacht.

Darmverschluss (Verschlussileus): durch Verwachsungen oder Stoffwechselstörungen hervorgerufene teilweise oder völlige Blockierung des Dünn- oder Dickdarms.

Debilität: Schwäche, Kraftlosigkeit, auch mangelnde Intelligenz.

Defäkation: Stuhlentleerung

Defatigatio: Erschöpfung

Defibrillation (Kardioversion): Behandlung von → Herzrhythmusstörungen mit Medikamenten oder Elektroschock.

Deformität: meist angeborene oder durch Verletzung entstandene Missbildung des Körpers.

Degeneration: Sammelbegriff für Normabweichungen.

Dehiszenz: Klaffen; Auseinanderweichen, z.B. Aufreißen von fast geheilten Wunden.

Dehydratation: Wasserentzug; im engeren Sinn dramatisches Absinken des Wassergehalts im Körper.

Dekompressionskrankheit (Druckfallkrankheit): infolge äußerer rapider Druckveränderung (z. B. beim Auftauchen aus der Tiefe eines Gewässers) auftretende Gelenkschmerzen, Seh- und Gleichgewichtsstörungen.

Dekubitus → Wundliegen

Delirium: schwere Bewusstseinstrübung, z. B. infolge exzessiven Alkoholkonsums.

Dellwarze: Virusinfektion, die sich durch kleine Knötchenbildung auf der Hautoberfläche äußert.

Dementia praecox: veralteter Begriff für → Schizophrenie

Demenz (Dementia senilis): chronischer Verlust der geistigen Fähigkeiten, z. B. infolge Alkoholsucht oder Gerhirnschädigungen.

De-Morgan-Flecken: Alterserscheinung; es bilden sich vermehrt kleine rote Pickel auf der Hautoberfläche.

Demyelinisierung → multiple Sklerose

Dengue-Fieber: tropische Virusinfektion, die von Moskitos übertragen wird; äußert sich u.a. durch periodisch über mehrere Wochen auftretendes → Fieber, Kopfschmerzen, Gelenk- und Muskelschmerzen, Ausschlag.

Dens incisivus: Schneidezahn

Dens serotinus: Weisheitszahn

Dentalgie: Zahnschmerzen

Dentes decidui: Milchzähne

Dentin: Zahnbein

Dentition: Zahndurchbruch; Zahnen. Prozess, bei dem die Milchzähne, meistens ab dem 6. Lebensmonat, durchbrechen; ab dem 7. Lebensjahr stoßen die bleibenden Zähne durch den Kiefer und das Zahnfleisch in die Mundhöhle vor.

Depilator: Enthaarungsmittel

Depotinjektion: Verabreichung eines hoch dosierten Medikaments mittels Spritze, das seine Wirkstoffe stufenweise in das Blut abgibt.

Depression(en): tiefe Niedergeschlagenheit und Antriebsschwäche, die phasenweise und ohne erkennbaren Anlass wiederkehren und meistens eine psychologische Behandlung erfordern.

Derivat: Abkömmling; unmittelbare chemische Verwandtschaft, z. B. Gestagenderivat.

Dermatitis: entzündliche Erkrankung der Haut, oft infolge einer → Allergie, manchmal ohne erkennbare Ursache.

Dermatitis solaris → Sonnenbrand

Dermatologie: Lehre der Hautkrankheiten

Dermatomykose → Hautpilzerkrankung

Dermatomyositis: schwere chronische Muskel- und Hautentzündungen als → Autoimmunkrankheit oder infolge eines bösartigen Organtumors.

Dermatophytie → Hautpilzerkrankung

Dermoidzyste: gutartiger Tumor mit hautähnlicher Zellstruktur, z. B. am Kopf, aber auch am Eierstock; maligne Entartung ist möglich.

Dermoreaktionen: Hauttests

Desensibilisierung: **1.** Behandlungsmethode bei → Allergie zur Gewöhnung des Körpers an das → Allergen, bei der dem Allergiker über einen längeren Zeitraum hinweg in steigender Dosis der die Allergie auslösende Stoff unter die Haut gespritzt wird. **2.** Psychologisches Verfahren zur Linderung von Ängsten, meist im Rahmen einer Verhaltenstherapie.

Desmodontium: Wurzelhaut des Zahns

Desoxyribonukleinsäure (DNS, DNA): Träger der Erbinformationen. Die DNS befinden sich in den → Chromosomen der Zellen.

Desquamation: Ausscheidung bzw. Abstoßung von abgestorbenem Körpergewebe, z. B. bei → Menstruation.

Devoratio: Akt des Schluckens

Dextrose: Traubenzucker

Diabetes insipidus: Wasserharnruhr

Diabetes mellitus: Zuckerkrankheit; Stoffwechselstörung; infolge Insulinmangels (→ Insulin) ist der Zuckerspiegel im Blut erhöht.

Typ-I- und -II-Diabetes

Generell unterscheidet man zwischen dem absoluten (Typ I = Jugenddiabetes) oder relativen Insulinmangel (Typ II = Altersdiabetes). Bei Typ I fehlt Insulin, bei Typ II sprechen die Zellen nicht (mehr) genügend darauf an. Typ I wird vermutlich durch bestimmte Virusinfektionen oder infolge einer Autoimmunstörung verursacht. Typ-II-Diabetes ist zu einem großen Teil erblich bedingt. Übergewicht und Bewegungsmangel begünstigen die Entstehung des Typ-II-Diabetes.

Diagnostik: erkennen und benennen einer Krankheit als Voraussetzung einer angemessenen Therapie.

Dialyse (Blutwäsche): bei → Nierenversagen angezeigte, in Krankenhäusern zumeist ambulant durchgeführte künstliche Entfernung von Abfallstoffen aus dem Blut, in der Regel mit Hilfe einer »künstlichen Niere«.

Diaphragma: **1.** Zwerchfell; **2.** Bezeichnung für Scheidenpessar, das zur Empfängnisverhütung eingesetzt wird.

Diarrhoe → Durchfall

Diastole: Erschlaffungsphase des Herzes. Gegenphase: → Systole.

Diathermie: Behandlungsmethode von erkrankten Körpergeweben, z. B. bei → Arthritis, mittels Tiefenerwärmung, die durch Hochfrequenzströme erzeugt wird.

Dickdarmentzündung (Kolitis, Proktitis): u. a. durch Viren, Bakterien, Amöben oder langfristige Einnahme von → Antibiotika hervorgerufene eigenständige oder als Begleiterscheinung von → Colitis ulcerosa oder → Crohn-Krankheit auftretende Erkrankung; äußert sich u. a. durch blut- oder schleimhaltigen Durchfall.

Digitalis: Fingerhut (Heilpflanze)

Digitus: Finger

Digitus pedis: Zehe

Digitus recelens → Finger, schnellender

Differenzialblutbild: Laboruntersuchung zur Mengenbestimmung der verschiedenen Leukozytenunterarten (→ Leukozyten) im Blut.

Dilatation: Erweiterung, z. B. eines Hohlorgans, wie des Herzes oder der Pupille.

Dilatator: Instrument zur Dehnung von Körperöffnungen.

Diphtherie: hoch ansteckende bakterielle Infektionskrankheit, die sich u. a. durch starke Halsschmerzen und → Fieber äußert.

Diplopie → Doppelsehen

Dipsomanie: periodische Trunksucht, »Quartalsaufen«.

Discus intervertebralis: Bandscheibe; knorpelige Verbindung zwischen zwei Wirbeln.

Diskusprolaps → Bandscheibenvorfall

Distorsion → Verstauchung

Diuretika: harntreibende Mittel

Divertikel: Ausbuchtung eines Hohlorgans, z. B. des Dünn- oder Dickdarms.

Divertikulose: oft durch ballaststoffarme Ernährung hervorgerufene Bildung von → Divertikeln, meist im Dickdarm.

DNA, DNS → Desoxyribonukleinsäure

Dolor → Schmerz(en)

Doppelsehen (Diplopie): einen Gegenstand als zwei Bilder wahrnehmen.

Dornwarze (Sohlenwarze): durch das Papillomavirus hervorgerufene Bildung von harten → Warzen an der Fußsohle, die einzeln oder in Gruppen auftreten können.

Dorsum: Rücken

Dosis: genau bestimmte Menge eines Medikaments bzw. einer Bestrahlung.

Down-Syndrom (Mongolismus, Trisomie 21): genetisch bedingte Krankheit, bei der das Kind in jeder seiner Körperzellen 47 → Chromosomen statt der üblichen 46 hat. Betroffen ist das Chromosomenpaar 21. Typische Symptome: vermindertes Wachstum, schwache Ausprägung des Nasenknochens, Lidfalte an den Innenseiten der Augenlider und mehr oder minder schwere geistige Behinderung.

DPT-Impfung: → Dreifachimpfung gegen → Diphtherie, → Keuchhusten und → Tetanus.

Dreifachimpfung (MMR-Impfung, Tripelvakzine): Impfung mit einem kombinierten Wirkstoff zur Immunisierung gegen Masern, Mumps und Röteln.

Dreitagefieber → Roseola infantum

Droge: **1.** veraltete, in der Heilkunde aber noch gebräuchliche allgemeine Bezeichnung für getrocknete Arzneipflanzen oder Pflanzenteile; **2.** umgangssprachlich: Sucht erzeugende (meist illegale) Rauschmittel.

Druckfallkrankheit → Dekompressionskrankheit

Drüse: Glandula

Drüsenfieber (Pfeiffersches Drüsenfieber, infektiöse Mononukleose): akute, durch das → Ep-

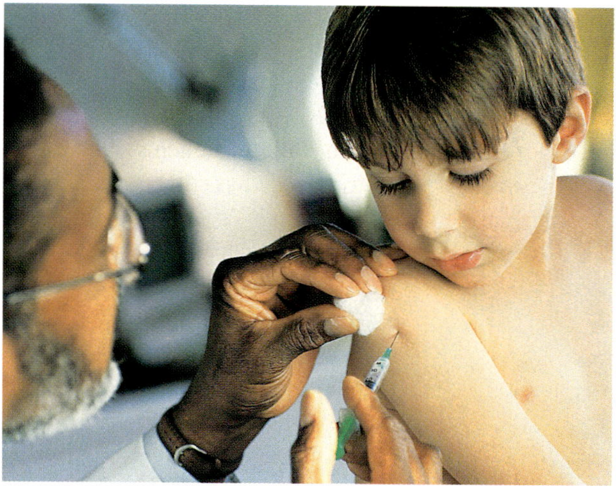

Regelmäßige Impfungen: Für die Kinder sind sie meist ein Graus, für ihre Gesundheit ein Segen.

stein-Barr-Virus hervorgerufene Infektion; äußert sich u. a. durch Lymphdrüsenschwellungen, Halsschmerzen und → Fieber.

Ductus choledochus: Gang, der Galle aus Gallenblase und Leber in den Dünndarm leitet.

Ductus deferens (Vas deferens): paariger Samenleiter

Dumping-Syndrom → Sturzentleerung

Duodenalgeschwür → Zwölffingerdarmgeschwür

Duodenitis → Zwölffingerdarmentzündung

Duodenum: Zwölffingerdarm; erster Teil des Dünndarms

Durchfall (Diarrhoe): häufige Entleerung von dünnflüssigem Stuhl, meist infolge von Darminfektionen, Verzehr von verdorbenen Nahrungsmitteln, aber auch von seelischen Belastungen.

Dysarthrie (Dyslalie): meist durch Verletzung des Sprechapparats hervorgerufene Sprachstörung; kann aber auch infolge u. a. von → multipler Sklerose, → Parkinson-Krankheit auftreten.

Dysbasie: Gehstörung

Dysenterie → Ruhr

Dyshidrose: Störung der Schweißsekretion

Dyskinesie: Sammelbegriff für abnorme Muskelbewegungen infolge von Gehirnschädigungen.

Dysmelie: angeborene Fehlbildung der Gliedmaßen.

Dysmenorrhoe: schmerzhafte Regelblutung, vermutlich infolge eines Hormonungleichgewichts.

Dysosmie: gestörtes Geruchsvermögen

Dysostosis: Störung des Knochenwachstums bzw. der Knochenbildung

Dyspepsie → Verdauungsstörung

Dyspepsie, funktionelle → Verdauungsprobleme, nervöse; → Reizmagen

Dysphagie → Schluckbeschwerden

Dysphonie: meist durch Kehlkopfschädigung hervorgerufene eingeschränkte Stimmbildung.

Dysplasie: Fehlbildung

Dyspnoe: medizinischer Ausdruck für Atemstörung

Dysrhythmie, kardiale → Herzrhythmusstörungen

Dystokie: ungewöhnlich heftige Wehen

Dystonie, vegetative: Störung von Körperfunktionen als Folge einer Fehlregulation des → vegetativen Nervensystems, meist ohne organische Ursache. Besonders betroffen sind Herz-Kreislauf-System, Verdauungs- und Atmungsorgane.

Dystrophie: oft infolge ungesunder Ernährung mangelhafte Nährstoffversorgung eines Organs.

Dysurie: schmerzhaftes Harnlassen

E

Echinacea: Sonnenhut

Echokardiografie → Ultraschalluntersuchung des Herzes

Echolalie: meist als Symptom einer psychischen Erkrankung auftretendes zwanghaftes wörtliches Wiederholen von Aussagen anderer.

Eckzahn: Caninus

EEG (Elektroenzephalogramm): Messung und grafische Darstellung der Gehirnimpulse zur Abklärung von Krankheiten, z. B. → Epilepsie.

Eierschalennägel → Löffelnägel

Eierstock: Ovarium

Eierstockentfernung (Ovariektomie): operative Entfernung eines oder beider Eierstöcke, z. B. bei Bildung eines → Ovarialkarzinoms.

Eierstockentzündung: Oophoritis

Eierstockkrebs → Ovarialkarzinom

Eigenurintherapie (Eigenharnbehandlung): Heilanwendung mit dem eigenen Urin.

Eileiter: Tuba uterina, Tube: etwa 15 Zentimeter lange Röhre von der Gebärmutter bis kurz vor den Eierstock; dient dem Eitransport.

Eileiterentzündung: Salpingitis

Eileiterschwangerschaft (ektopische Schwangerschaft, Tubargravidität): Das befruchtete Ei hat sich nicht in der Gebärmutter, sondern im → Eileiter oder in der Bauchhöhle angesiedelt.

Eingeweidebruch → Hernie

Einkoten (Enkopresis): unwillkürlicher Stuhlabgang

Einlauf → Darmeinlauf

Einspritzen → Injektion

Einstülpung (Invagination): meistens bei Säuglingen vorkommende Einstülpung eines Darmabschnitts in einen anderen Darmabschnitt, die fast immer einen → Darmverschluss nach sich zieht.

Einwärtsschielen: Strabismus convergens

Eisen: Spurenelement, das im Körper größtenteils als Bestandteil des roten Blutfarbstoffs → Hämoglobin und des Muskelfarbstoffs → Myoglobin vorliegt und mit der Nahrung zugeführt werden muss.

eiserne Lunge (Tankrespirator): veraltetes großes Beatmungsgerät

Eiter (Pus): gelblich bis grünliche zähe Flüssigkeit als Folge einer bakteriellen Infektion.

Eiterbeule → Furunkel

Eiterflechte → Impetigo

Eiweiße (Proteine): Gruppe von hochmolekularen Substanzen, die durch chemische Verknüpfung von → Aminosäuren entstehen; sind im menschlichen Körper u. a. wichtige Baustoffe für Hormone und Enzyme.

Eiweiß, giftiges → Toxin

Eizelle: Ovum

Ejakulation → Samenerguss

Ekchymosen: kleinere blaue Flecken

EKG (Elektrokardiogramm): Messung und grafische Darstellung der Herzströme als Kurven zur Abklärung von Herzkrankheiten.

Eklampsie: schwere Krämpfe von Frauen gegen Ende einer Schwangerschaft infolge einer → Präeklampsie.

EKT (Elektrokrampftherapie): unter Vollnarkose durchgeführte Elektroschockbehandlung von schweren → Depressionen und Krampfanfällen.

Ektoparasit: Blut saugender Parasit; siedelt sich in oder auf der Haut an.

ektopisch: medizinischer Ausdruck für »nach außen verlagert«, »außerhalb des üblichen Bereichs«, z. B. Eileiterschwangerschaft.

ektopische Schwangerschaft → Eileiterschwangerschaft

Ekzem: akute oder chronische, meist flächenhafte entzündliche, juckende Hautveränderung.

Elektroakupunktur: erweiterte Form der klassischen → Akupunktur, bei der die Akupunkturpunkte über Elektroden mit niederfrequentem Wechselstrom gereizt werden.

Elektroenzephalografie → EEG

Elektrokardiografie → EKG

Elektrokauterisation: Hitzeanwendung zur Entfernung von → Warzen.

Elektrokoagulation: Versiegelung von Blutgefäßen und zur Blutstillung mittels elektrischen Stroms.

Elektrokrampftherapie → EKT

Elektrolytlösung: Salzlösung mit wichtigen Elektrolyten des Bluts, z. B. zum Ausgleich von Elektrolytverlust bei starkem → Erbrechen.

Elektromyografie → EMG

Elektrophorese: elektrisches Analyseverfahren, z. B. von Bluteiweißen (→ Eiweiß).

Elektrotherapie: Anwendung von elektrischem Strom z. B. zur Schmerzlinderung oder Nervenstimulation.

Elle: Ulna

Ellenbogengelenk: Articulatio cubitis

Elongatio: Verlängerung

Ellennerv: Nervus ulnaris

Embolektomie: operative Entfernung eines ein Blutgefäß verstopfendes Blutgerinnsels.

Embolie: plötzliche Verstopfung einer → Arterie durch ein Blutgerinnsel, z. B. → Lungenembolie.

Embolus: Blutgerinnsel

Embryo: das ungeborene Kind bis zum Ende der 12. Schwangerschaftswoche; danach → Fetus.

Embryologie: Lehre von der Entwicklung des Keims von der → Befruchtung bis zur Geburt.

Emesis → Erbrechen

Emesis gravidarum → Schwangerschaftserbrechen

Emetika: Brechmittel

EMG (Elektromyogramm): elektronische Aufzeichnung des Verlaufs der Aktionsströme im Muskel.

Emissionscomputertomografie → PET

Emmenagogum: Mittel zur Regulation der Monatsblutung und zur Herbeiführung von deren Beginn, z. B. Anis, Muskat, Nelke, Petersilie, Rosmarin, Safran.

Emphysem: Aufblähung; ungewöhnlich hohe Ansammlung von Gasen oder Luft in bereits lufthaltigen Organen, z. B. Lunge.

Empyem: Eiteransammlung (→ Eiter) in einer Körperhöhle oder Organen, z. B. in der Lunge.

Enamelum: Zahnschmelz

Encephalitis: Entzündung des Gehirns

Encephalomyelitis → Hirn-Rückenmark-Entzündung

Encephalomyelitis disseminata → multiple Sklerose

Encephalon: Gehirn

Encephalopathie: Gehirnerkrankung, Gehirnleiden

Endarteriektomie: operative Ausschälung einer verstopften Arterie zur Beseitigung z. B. einer → Thrombose.

endemisch: medizinischer Ausdruck für eine Krankheit, die in einer bestimmten Gegend oder bei einer bestimmten Personengruppe gehäuft auftritt.

endogen: im Körperinneren entstehend.

endogenes Ekzem → Neurodermitis

Endokarditis → Herzinnenhautentzündung

endokrines System: alle im Körper vorkommenden hormonproduzierenden Drüsen, die ihre Substanzen direkt ins Blut abgeben.

Endokrinologie: Lehre des → endokrinen Systems; der Hormone, Funktionen und Funktionsstörungen der endokrinen Drüsen.

Endometriose: meist periodisch (ein-)blutende Gebärmutterschleimhautwucherungen außerhalb der Gebärmutter.

Endometritis → Gebärmutterentzündung

Endometritis cervicis → Zervizitis

Endometrium: Gebärmutterschleimhaut

Endometriumkarzinom → Gebärmutterkrebs

Endoparasit: Parasiten, die sich im Körperinneren ansiedeln.

Endorphine: körpereigene, sich aus → Aminosäuren zusammensetzende Botenstoffe mit morphin- bzw. opiatähnlicher Wirkung.

Endoskop: Sichtinstrument zur direkten Untersuchung von Hohlorganen und Körperhöhlen.

Endoskopie: Untersuchung von Hohlorganen und Körperhöhlen mittels eines → Endoskops zur Abklärung von Krankheitsursachen.

Endothel(ium): den Blut- und Lymphfluss förderndes → Epithel, das Herz-, Blut- und Lymphgefäße auskleidet.

Endotoxin: von bestimmten Bakterien gebildeter Giftstoff, der u. a. hohes → Fieber und dramatischen Blutdruckabfall verursacht.

Englische Krankheit → Rachitis

Enkopresis → Einkoten

Enteritis: meist durch Bakterien oder Viren verursachte Entzündung des Dünndarms, die sich u. a. durch → Durchfall äußert.

Enzyme in der Nahrung

Auch die Nahrungsmittelindustrie verwendet Enzyme, um Speisen zu veredeln, sie schmackhaft und bekömmlich zu machen. Traditionell ist die Verwendung von Labferment aus dem Kalbmagen zur Käseherstellung oder von Papain aus der Papayafrucht zum Zartmachen von Fleisch. Andererseits lässt sich durch die Zerstörung oder Inaktivierung bestimmter Enzyme (z. B. durch Erhitzen) eine längere Haltbarkeit von Lebensmitteln erzielen.

Enteritis regionalis (Crohn-Krankheit, Ileitis terminalis, Ileitis regionalis): schwere chronische Entzündung unbekannter Ursache, die in jedem Abschnitt des Verdauungstrakts auftreten kann, vorwiegend jedoch im Dickdarm.

Enterotoxin: durch Bakterien in Lebensmitteln gebildete Gifte, die auf den Verdauungstrakt wirken.

Entwässerung: Maßnahmen zur Ausscheidung von überschüssigem Wasser aus Gewebe, Organen und Körperhöhlen, z. B. bei Nierenkrankheiten.

Entwicklungslehre → Embryologie

Entzündung: Immunreaktion infolge einer Verletzung oder Infektion.

Enuresis → Bettnässen

Enzyme (Fermente): hoch aktive Eiweißkörper, die als Katalysatoren biochemische Reaktionen und Stoffwechselvorgänge beschleunigen oder erst ermöglichen.

Enzymmangelkrankheit (Enzymopathie, Mucopolysaccharidosen): genetisch bedingte Stoffwechselstörung infolge eines fehlenden oder in seiner Funktion beeinträchtigten → Enzyms.

Enzymopathie → Enzymmangelkrankheit

Epheliden: Sommersprossen

Epicondylitis humeri → Tennisellenbogen

Epididymis: Nebenhoden

Epididymitis → Nebenhodenentzündung

Epiduralanästhesie (Periduralanästhesie, PDA): ein Lokalanästhetikum wird der Frau zur Schmerzlinderung der Geburtswehen oder bei → Kaiserschnitt in den unteren Teil der → Wirbelsäule injiziert.

Epiglottitis: Kehldeckel zwischen Zungenwurzel und Kehlkopfeingang.

Epikanthus: Lidfalte

Epikrise: Abschlussbericht

Epilation: Enthaarung

Epilepsie (Fallsucht): durch Gehirnfunktionsstörungen, z. B. infolge von Stoffwechselkrankheiten oder Gehirntumor, verursachte wiederkehrende Krampfanfälle, die u.a. mit Bewusstlosigkeit und Zuckungen der Gliedmaßen oder einer Gesichtshälfte einhergehen.

Epinephrin → Adrenalin

Epipharynx: Nasen-Rachen-Raum

Epiphora: Tränenträufeln

Epiphyse: Zirbeldrüse

Epiphysose → Wachstumsschmerzen

Episiotomie → Dammschnitt

Epistaxis → Nasenbluten

Epithel: Deckgewebe des Haut- und Schleimhautgewebes; im Körperinneren Auskleidung der Hohlorgane.

Epithelkörperchen (Glandulae parathyroideae): Nebenschilddrüsen

Epstein-Barr-Virus: → Drüsenfieber und → Burkitt-Lymphom verursachendes Virus; ist auch bei der Entstehung von Krebs im Nasen-Rachen-Raum beteiligt.

Erbanlage → Gen

Erbrechen (Emesis, Vomitis): Entleerung von Mageninhalt über den Mund infolge einer Magenerkrankung oder nach Verzehr von verdorbenen Lebensmitteln.

ERCP (endoskopisch-retrograde Cholangio-Pankreatikografie): Röntgenkontrastdarstellung zur Untersuchung von Gallengangsystem und Bauchspeicheldrüsengang.

Erektion: Anschwellen und Versteifung des Penis infolge sexueller Erregung.

Erfrierung (Congelatio): Schädigung des Körpergewebes bei Kälte.

Ergocalciferol: Vitamin D2

Erguss (Transsudat): anormale Flüssigkeitsansammlung in einer Körperhöhle oder Gewebe (→ Ödem).

Erinnerungslücke, -verlust → Amnesie

Erkältung: meist durch Viren und/oder Bakterien hervorgerufene akut auftretende Entzündung der Atemwege; äußert sich u. a. durch → Schnupfen, → Rachenentzündung und → Husten.

Ermüdungsbruch (Marschfraktur): Bruch eines der Mittelfußknochen infolge wiederholter Erschütterungen, z. B. Sport auf harten Bodenbelägen.

Erysipel → Wundrose

Erythem: Hautrötung

Erythema gluteale → Windeldermatitis

Erythema infectiosum → Ringelröteln

Erythema migrans → Lyme-Krankheit

Erythema multiforme: Scheibenrose

Erythema nodosum: Knotenrose

Erythrodermie: schwere, meist durch Arzneimittelallergie (→ Allergie) hervorgerufene Entzündung der gesamten Körperhaut; äußert sich u.a. durch großflächigen Ausschlag mit Schuppenbildung.

Erythrozyt: rotes Blutkörperchen

Ess-Brech-Sucht → Bulimie

essenziell: selbstständig, wesentlich; im engeren Sinn Krankheit ohne erkennbare Ursache.

Eustachische Röhre → Ohrtrompete

euthyreot: (wieder) normalisierte Schilddrüsenfunktion

Exanthem → Hautausschlag, z. B. durch Masern oder Röteln

Exanthema subitum → Roseola infantum

Exfoliaton: Abschuppung bzw. Häutung der Hautoberfläche

Exitus letalis → Tod

Exkoriation → Abschürfung

Exkretion: Ausscheidung

exokrine Drüse: Drüsen, die ihre Substanzen direkt auf eine Oberfläche abgeben, z. B. Schweißdrüsen.

Exomphalos → Nabelschnurbruch

Expektoranzien: schleimlösende Hustenmittel

Exspiration: Ausatmung

Extension → Streckung

extrakorporale Befruchtung → In-vitro-Befruchtung

Man kann vieles für seine Gesundheit tun, ohne gleich zu Medikamenten zu greifen. Viele schwören beispielsweise auf die vitalisierende Wirkung von Fangopackungen.

Extrakt: flüssiger oder trockener Pflanzenauszug

Extrasystole: Extraschlag des Herzes, außerhalb des normalen Rhythmus einzeln oder gehäuft auftretend.

Exzision: operative Entfernung von erkranktem oder möglicherweise erkranktem Gewebe, z. B. krebsverdächtige Warzen.

F

Faeces: Kot, Stuhl

fäkulent: kotig, kotartig

fakultativ: Möglichkeit; im engeren Sinn ein nicht sofort notwendiger, dennoch in absehbarer Zeit angezeigter chirurgischer Eingriff.

Fallsucht → Epilepsie

Fango: heilkräftiger Mineralschlamm aus einer heißen Quelle vulkanischen Ursprungs, z. B. bei Linderung von rheumatischen Beschwerden.

Farbenblindheit: Schwierigkeit, zwischen bestimmten Farben unterscheiden zu können, z. B. Rotblindheit; im Extremfall Wahrnehmung der Umgebung nur in Schwarz-, Weiß- und Grautönen.

Farmerlunge: allergische Reaktion auf in Getreide oder Heu vorkommende Schimmelpilze; äußert sich u. a. durch grippeähnliche Symptome, Lungengewebevernarbungen.

Fasciitis (Fasziitis): meist infolge Überanstrengung schmerzhafte Entzündung der die Muskeln umgebenen Bindegewebehülle.

Faszie: Bindegewebehülle, -blatt

Favismus → Bohnenkrankheit

Fazialislähmung: oft vorübergehende Ausfallerscheinung des → Fazialisnervs infolge einer Entzündung.

Fazialisnerv: VII. Hirnnerv, Gesichtsnerv

febril: fiebrig

Febris periodica: angeborene Neigung zu periodisch auftretenden Fieberanfällen.

Febris recurrens → Rückfallfieber

Fehlbildung: Dysplasie

Fehlgeburt: eine Schwangerschaft, die vor der 28. Woche endet, eventuell verursacht durch anomale Entwicklung des Embryos (bis zur 12. Woche) oder infolge einer Schwäche der → Zervix.

Fehllage: Das Baby liegt bei der Geburt im Mutterleib nicht, wie üblich, mit dem Kopf voraus.

Feigwarzen (Condylomata acuminata): durch das Papillomavirus verusachte Bildung von weichen Warzen im Genitalbereich.

Femur: Oberschenkelbein, Oberschenkelknochen

Fermentation: Gärung

Ferse(nbein): Calcaneus, Kalkaneus

Fertilisation: Befruchtung

Fertilität: Fruchtbarkeit

Fetalkreislauf: Blutkreislauf des → Fetus, der von dem der Mutter vollständig getrennt ist; z. B. treten Sauerstoff und Nährstoffe des mütterlichen Bluts über die → Plazenta in das kindliche Blut ein.

Fette: Nahrungsbestandteil aus Glyzerin und Fettsäuren. Man unterscheidet nach gesättigten, einfach und mehrfach gesättigen (essenziellen) Fettsäuren.

Fettleber: meist durch Medikamenten- oder Alkoholmissbrauch, aber auch z. B. durch → Diabetes oder infolge einer angeborenen Fettstoffwechselstörung auftretende Vergrößerung der Leber.

Fettleibigkeit → Übergewicht

Fetus: das ungeborene Kind ab Ende der 12. Schwangerschaftswoche; davor → Embryo.

Fibrinolytika: Medikamente zur Auflösung von → Blutgerinnseln.

Fibrom: gutartige Geschwulstbildung im → Bindegewebe.

Fibromyalgie: wiederkehrende Schmerzen an den Übergängen vom Muskel zur Sehne. Hinzu kommen u. a. Verdauungsprobleme, Migräne, Depressionen und starke Schmerzen an verschiedenen Körperstellen.

Fibrose: vermehrte Narbenbildung; überschießende Gewebeentwickung nach einer Verletzung oder Entzündung, die bei Organen zu Fehlfunktionen führen kann.

Fibrose, zystische → Mukoviszidose

Fibula: Wadenbein, der hintere Unterschenkelknochen

Fieber (Pyrexie): krankhafte Veränderung des Allgemeinzustands mit Erhöhung der Körpertemperatur über 37,5 °C. Fieber über 40,5 °C kann lebensbedrohlich sein.

Fieberkrampf (Konvulsion): Krampfanfälle bei Kindern, die durch Fieber verusacht werden; äußern sich u. a. durch Zuckungen der Gliedmaßen und Bewusstlosigkeit.

Finger: Digitus

Finger, schnellender (Digitus recelens): durch → Sehnenscheidenentzündung hervorgerufene Streckblockade eines oder mehrerer gebeugter Finger; das gewaltsame Strecken verursacht ein schnappendes Geräusch.

Fingerumlauf (Panaritium): Abszessbildung an Finger oder Zehe als Folge einer bakteriellen oder Virusinfektion.

Fistel: anormale kanalartige Verbindung zwischen zwei Organen oder einem tiefer liegenden Organ bzw. Gewebe und einer Oberfläche, z. B. Fistel der Luft- und Speiseröhre bei Neugeborenen.

Flatterbrust: Brustverletzung, zumeist durch Rippenbrüche verursacht.

Flatus → Blähung(en)

Fleckfieber: verschiedene Formen einer bakteriellen, unter Umständen von Tieren auf den Menschen übertragenen Infektion; äußert sich u. a. durch grippeähnliche Symtome und Ausschlag.

fliegende Hitze → Wallungen

Fluor: **1.** Spurenelement; **2.** Ausfluss, Fluor genitalis.

Flush: Rötung des Gesichts infolge von → Fieber, → fliegender Hitze.

Foetus: alternative Schreibweise für → Fetus

Follikel: **1.** kleiner Hohlraum im Körper, z. B. Haarbalg; **2.** Bläschen mit Eizelle im Eierstock.

Follikulitis: bakterielle Entzündung eines oder mehrerer Haarfollikel.

Folsäure (Vitamin B9): wasserlösliches Vitamin; wichtig für Zellaufbau und Blutbildung.

Fontanelle: von faserigem Gewebe bedeckte Lücken zwischen den Schädelknochen des Neugeborenen.

Foramen: natürliche Durchgänge in einem Körperteil.

Forceps → Geburtszange

forensische Medizin: Rechtsmedizin

Fraktur: Bruch, z. B. Knochenbruch

Francis-Krankheit (Tularämie): von erkrankten Tieren übertragene bakterielle Infektion, die sich u. a. durch Geschwürbildung äußert.

Frauenheilkunde: Gynäkologie

Freitod: Suizid

Fresszelle (Phagozyt): im Blut vorkommende Teile des Immunsystems, die alle fremden Mikroorganismen absorbieren.

Frostbeule: Pernio

Fruchtbarkeit: Fertilität

Fruchtblase (Amnion): mit → Fruchtwasser gefüllte Blase, die den Fetus bis zur Geburt umgibt.

Fruchtblasenpunktion → Amniozentese

Fruchtschmiere → Käseschmiere

Fruchtwasser: in der → Fruchtblase befindliche, den Fetus umgebende und zu seinem Schutz dienende klare Flüssigkeit.

Frühgeburt: nach der 24. und vor dem Ende der 37. Schwangerschaftswoche stattfindende Geburt, z. B. infolge einer Schwäche des → Gebärmutterhalses der Schwangeren.

Frühsommermeningoencephalitis (FSME): von Zecken übertragene → Hirnhautentzündung infolge einer Virusinfektion.

FSH (follikelstimulierendes Hormon): von der → Hypophyse freigesetztes Hormon, das in den Eierstöcken die Entwicklung von → Follikeln stimuliert.

FSME → Frühsommermeningoencephalitis

Fünfte Krankheit → Ringelröteln

fungistatisch: Wachstum von Pilzen hemmend.

fungizid: Pilze vernichtend, tötend.

Fungizide → Antimykotika

Funktionsdiagnostik, bioelektronische (BFD): elektronische Punktmessung u. a. zur Abklärung von chronischen Beschwerden.

Furunkel: akute eitrige Entzündung eines Haarbalgs und seiner Talgdrüse.

Fuß: Pes

Fußballenentzündung: schmerzhafte Schleimbeutelentzündung mit Schwellung und Flüssigkeitsansammlung im Gelenk der Großzehe.

Fußpilz (Tinea pedis): stark juckende, durch Pilze hervorgerufene Erkrankung der Haut zwischen den Zehen.

Fußreflexzonenmassage: Massagetechnik der Füße an festgelegten Stellen, die bestimmten Organen zugeschrieben werden.

Fußschweiß: übermäßige Schweißabsonderung an den Füßen.

Fuszin: **1.** gelbbrauner Farbstoff; **2.** braunes Pigment des Bluts.

G

Galaktorrhoe → Milchfluss

Galaktotum: pflanzliches Mittel, das die Milchsekretion (Laktation) fördert, z. B. Anis, Fenchel.

Gallenblase: Vesica fellea

Gallenblasenentzündung (Cholezystitis): meist infolge von → Gallensteinen auftretende kolikartige Schmerzen rechts unterhalb des Rippenbogens.

Gallenblasenentfernung, operative (Cholezystektomie): angezeigt bei → Gallenblasenentzündung, → -karzinom, → -steinen.

Gallenblasenkarzinom: bösartiger Tumor in der Gallenblase.

Gallengangentzündung (Cholangitis): bakterielle Entzündung des Hauptgallengangs.

Gallengangkarzinom: bösartiger Tumor eines Gallengangs.

Gallengangverschluss: meist durch → Gallensteine blockierter Gallengang, der zu → Gallenstauung führt.

Gallengrieß: feine, grießähnliche Gallensteine.

Gallenstein (-konkrement): in den Gallengängen oder -blase auftretende, meist cholesterinhaltige Steine infolge Gallenproduktionsstörung.

Gallenstauung: Rückstau der Galle in die Leber z. B. infolge → Hepatitis oder → Gallenstein

Gamma-Globulin → Globulin

Ganglion (Hygrom): **1.** Ansammlung von Nervenzellen zur Reizübermittlung; **2.** Geschwulst, Überbein, z. B. am Handgelenk.

Gangrän: abgestorbenes Gewebe infolge Minderdurchblutung.

Ganzheitsmedizin: Betrachtung aller Bereiche des Menschen, z. B. die des Körpers, der Seele und Umwelt, um sie in Diagnose und Behandlung mit einzubeziehen.

Ganzkörperhyperthermie, extrakorporale: Therapieverfahren zur Abtötung von Tumorzellen.

Gasbrand: Wundinfektion mit schmerzhafter Schwellung, Vergiftungserscheinungen, Gasbildung.

Gaster → Magen

Gastrektomie: totale operative Entfernung des Magens.

Gastritis (Magenschleimhautentzündung): eine meist durch das Bakterium → Helicobacter pylori hervorgerufene akute oder chronische schmerzhafte Entzündung der Magenschleimhaut.

Gastroenteritis → Reisediarrhoe

Gastroenterologie: Wissenschaft von den Krankheiten des Magen-Darm-Trakts.

Gastrointestinaltrakt → Magen-Darm-Trakt

Gastroskopie → Magenspiegelung

Gaumen: Palatum

Gaumenzäpfchen: Uvula

Gebärmutter: Uterus

Gebärmutterausschabung (Abrasio uteri): → Kürettage der Gebärmutterschleimhaut; **1.** Methode zur Abklärung von Geschwulstbildungen; **2.** medizinischer Abbruch einer Schwangerschaft.

Gebärmutterentfernung (Hysterektomie): totale operative Entfernung der Gebärmutter, z. B. bei Gebärmutterkrebs.

Gebärmutterentzündung (Endometritis): z. B. als Komplikation nach Schwangerschaftsabbruch oder Geburt auftretende Entzündung der Gebärmutterschleimhaut.

Gebärmutterhals: Cervix uteri, Zervix

Gebärmutterhalskrebs: bösartiger Tumor im Gebärmutterhals.

Gebärmutterkontraktion: krampfartige Bewegungen der Gebärmutter kurz vor bzw. während der Geburt.

Gebärmutterkrebs (Uteruskarzinom): bösartige Geschwulst; geht von Zellen der Gebärmutterschleimhaut aus.

Gebärmutterschleimhaut: Endometrium

Gebärmuttervorfall (Uterusprolaps): Absinken der Gebärmutter in die → Vagina.

Geburt: Partus

Geburtszange (Forceps): Instrument, das bei Komplikationen unter der Geburt seitlich an den Kopf des Babys angelegt wird, um den Geburtsvorgang abzuschließen.

Gedächtnisverlust → Amnesie

Gedeihstörung: vermindertes Wachstum bei Kleinkindern infolge Unterernährung oder körperlicher Funktionsstörung.

Gefäßplastik, rekonstruktive: operativer Eingriff zur Behandlung von verengten oder blockierten Arterien.

Gefäßverengung (Vasokonstriktion): verminderte Durchblutung von Körperteilen durch Verengung der Gefäße, z. B. bei Kälte oder bei starkem Blutdruckabfall (→ Schock).

Geflecht: Plexus

Gegenanzeige (Kontraindikation): Faktoren, die gegen eine medikamentöse oder chirurgische Behandlung sprechen.

Gegengift: Antidot

Gehirnblutung: Blutung im Gehirn infolge eines verletzten Blutgefäßes.

Gehirnentzündung: Encephalitis

Gehirnerschütterung (Commotio cerebri): meist durch Unfall hervorgerufene kurzzeitige Störung der Gehirnaktivität, die sich z. B. durch kurze → Bewusstlosigkeit, Kopfschmerzen und Erbrechen äußert.

Gehirn-Rückenmark(s)-Flüssigkeit: klare, farblose Flüssigkeit in Gehirn und Rückenmark.

Gehörgangsentzündung (Otitis externa): meist nach Schwimmen auftretende, durch → Bakterien oder Pilze ausgelöste Entzündung des äußeren Gehörgangs.

Gelbfieber: tropische, durch Stechmücken übertragene Infek-

Eineiige Zwillinge sind erbgleich und gleichen Geschlechts, zweieiige Zwillinge entwickeln sich aus zwei veschiedenen Eizellen und weisen deshalb größere Unterschiede auf. Beim Menschen kommt auf ca. 85 Einzelgeburten eine Zwillingsgeburt.

tionskrankheit, die sich u. a. durch Gelbfärbung der Haut sowie → Fieber und → Erbrechen äußert.

Gelbkörper (Corpus luteum): geplatzter → Follikel nach dem Eisprung.

Gelbsucht (Ikterus): gelbliche Verfärbung der Haut und Augenbindehaut als Symptom für verschiedene Leber- und Gallenblasenerkrankungen, z. B. → Hepatitis, → Gallensteine.

Gelenk (Articulatio, Arthros): bewegliche Verbindung von Knochen.

Gelenkdarstellung → Arthrografie

Gelenkentzündung → Arthritis

Gelenkinnenhaut: Membrana synovialis, Synovialis

Gelenkschmiere (Synovia): von der Gelenkinnenhaut gebildete Flüssigkeit.

Gelenksteife → Ankylose

Gelenkzwischenscheibe: Meniskus

Gemini: Zwillinge

Gen: im Zellkern befindlicher, aus einem → DNS-Abschnitt bestehender Erbfaktor.

Generikum: Fertigarzneimittel mit einem (nicht geschützten) Freinamen; meist billiger als das Präparat des Erstanbieters mit geschütztem Namen (z. B. ASS von ct und Aspirin®).

Genetik → Vererbungslehre

Genitalien (Pudendum): Geschlechtsorgane

Genitalherpes (Herpes genitalis): stark ansteckende, durch Herpes-simplex-Viren vom Typ 2 hervorgerufene Infektion mit starkem Juckreiz und Bläschenbildung an den Schamlippen bzw. in der Scheide oder am Penis.

Genu: Knie

Genu valgum: X-Bein

Genu varum: O-Bein

Geriatrie: Altersheilkunde

Geriatrika: Arzneien zur Verbesserung der körperlichen und geistigen Leistungskraft im Alter.

Gerinnungsstörungen (hämorrhagische Diathesen): durch Funktionsstörungen der → Blutgerinnung bedingte, übermäßig starke, anhaltende Blutungen, z. B. bei → Hämophilie.

Gerstenkorn (Hordeolum): durch Bakterien verursachte Entzündung einer Lidranddrüse; äußert sich durch schmerzhafte Schwellung und Eiterkuppe.

Geschlechtsorgane: Genitalien, Pudendum

Geschlechtsdrüsen (Keimdrüsen, Gonaden): Eierstöcke und Hoden

Geschlechtskrankheiten (venerische Erkrankungen): Sammelbegriff für Infektionen, die in der Regel durch Geschlechtsverkehr übertragen werden.

Geschlechtsverkehr: Kohabitation, Koitus

Geschwür (Ulkus): offene, meist entzündete Stelle auf der Haut oder Schleimhaut.

Gestagen → Progesteron

Gestation: medizinischer Ausdruck für Schwangerschaft.

Gestose → Präeklampsie

Gewebeschwund → Atrophie

Gicht: Stoffwechselerkrankung des rheumatischen Formenkreises; aufgrund eines gestörten Purinstoffwechsels ist zu viel → Harnsäure im Blut: Harnsäurekristalle (Gichtknoten) lagern sich an den Gelenken an und verursachen Schwellungen und zum Teil starke Schmerzen.

Gingiva: Zahnfleisch

Gingivitis: Zahnfleischentzündung

Glandula: Drüse

Glandula mammaria: Brustdrüse

Glandula parotidea (Glandula parotis, Parotis): Ohrspeicheldrüse

Glandula pinealis: Zirbeldrüse, Epiphyse

Glandula pituitaria: Hypophyse

Glandula thyroidea: Schilddrüse

Glandulae parathyroideae: Nebenschilddrüsen (Epithelkörperchen)

Glandulae salivariae: Speicheldrüsen

Glandulae sebaceae: Talgdrüsen

Glandulae suprarenales: Nebennieren

Glaskörper (Corpus vitreum): zwischen Linse und Netzhaut des Auges gelegenes gallertartiges Gebilde.

Glaskörperblutung: meist infolge von → Diabetes mellitus auftretende Blutung der kleinen Netzhautgefäße, die sich im Glaskörper sammelt.

Glatze → Alopezie

Glaubersalz (Natriumsulfat): Abführmittel

Glied: Penis

Globulus → Streukügelchen

Glaukom → grüner Star

Glioblastom: bösartiger Gehirntumor

Globulin: Proteine, die in drei Hauptgruppen eingeteilt werden: **1.** Alpha-Globuline, sowohl in der Lunge und Leber produzierte Enzyme als auch im Blutplasma vorkommend; **2.** Beta-Globuline, die am Fetttransport im Blutkreislauf beteiligt sind; **3.** Gamma-Globuline sind → Antikörper.

Globussyndrom → Kloßgefühl

Glossa: Zunge

Glossalgie: Zungenbrennen

Glossitis: Entzündung der Zunge

Glottis: Stimmapparat, Stimmritze im Kehlkopf

Glukagon: Hormon der Bauchspeicheldrüse, das den Blutzucker erhöht; Gegenspieler des → Insulins

Glukokortikoide: in der Nebennierenrinde produzierte Hormone; erhöhen den Blutzucker, sind am Kohlenhydratstoffwechsel beteiligt

Glukose (Zucker): Kohlenhydratmolekül; einfacher Zucker; Hauptenergiequelle des Körpers.

Glukosurie: vermehrte Ausscheidung von Zucker im Harn, z. B. bei → Diabetes mellitus.

Gluten: Klebereiweiß; Getreideproteine, die die Backfähigkeit des Mehls bewirken.

Glutenunverträglichkeit → Zöliakie

Glykogen: Speicherform der Glukose

Glykoside: Gruppe von Pflanzenstoffen mit pharmakologischer Wirkung.

Goldtherapie: Therapie bei rheumatischen Erkrankungen; kleine Dosen Gold werden eingenommen oder injiziert.

Gonaden → Geschlechtsdrüsen

gonadotrope Hormone: Eierstöcke und Hoden anregende Hormone; wichtig für die Fruchtbarkeit, wie z. B. die zu dieser Gruppe gehörenden → FSH und → LH.

Gonorrhoe (Tripper): durch Geschlechtsverkehr übertragbare bakterielle Infektion der Harnröhre; kann im Verlauf auf andere Organe übergreifen, z. B. Prostata, Eileiter.

Goodpasture-Syndrom: → Autoimmunkrankheit; die Filtereinheiten der Nieren sind entzündet; → Bluthusten, → Anämie und Lungenblutungen sind die Folge.

GOT (ASAT; Glutamat-Oxalacetat-Transaminase): Enzym der Leber und des Herzmuskels; erhöhte GOT-Werte können Hinweis auf eine Leberentzündung (→ Hepatitis) oder → Herzinfarkt sein.

GPT (ALAT; Glutamat-Pyruvat-Transaminase): Enzym der Leber; erhöhte GPT-Werte können Hinweis auf eine → Hepatitis oder → Leberzirrhose sein.

Grand mal: »großer« Epilepsieanfall mit ausgeprägter Symptomatik (→ Epilepsie).

Granulationsgewebe: rotes, krustiges Gewebe auf offener Wunde während der Wundheilung oder auf der Oberfläche eines Geschwürs.

Granulom: krankhafte Gewebeveränderung mit gutartiger Geschwulstbildung, z. B. an der Zahnwurzelspitze.

Granulozyten: zu den weißen Blutkörperchen (→ Leukozyten) gehörende Zellen; wichtig für die Infektionsabwehr.

Graphospasmus: Schreibkrampf

grauer Star (Katarakt): angeborene oder altersbedingte Trübung der Augenlinse.

Graves-Krankheit → Basedow-Krankheit

Gravida: medizinisch für schwangere Frau.

Gravidität: Schwangerschaft

Griebe → Lippenherpes

Grind → Schorf

Grippe, echte → Influenza

Großhirn: Cerebrum

Grundumsatz (GU): gibt den Energiebedarf bei Ruhestellung an, der für die Aufrechterhaltung aller Körperfunktionen erforderlich ist; Erhaltungsumsatz bei normalen Betätigungen; Leistungsumsatz bei speziellen Betätigungen (z. B. Sport).

grüner Star (Glaukom): akut oder chronisch auftretende krankhafte Erhöhung des Augeninnendrucks.

Gürtelrose (Herpes zoster, Zoster): oft einseitig in der Gürtelregion auftretende, durch Varicella-Zoster-Viren verursachte entzündliche Hautbläschen entlang einer Nervenbahn; ruft bei Erstinfektion → Windpocken, bei Zweitinfektion Gürtelrose hervor.

Guillain-Barré-Syndrom: vermutlich infolge einer allergischen

Reaktion (→ Allergie) auf eine Virusinfektion hervorgerufene Entzündung der peripheren Nerven im Bereich der Wirbelsäule, führt zu Lähmungserscheinungen z. B. der Arm- und Bein-, aber auch der Atemmuskulatur.

gutartig: benigne

Guthrie-(Hemm-)Test (PKU-Test, Phenylketonurie): Bluttest bei Neugeborenen zur Früherkennung einer angeborenen Enzymstörung (→ Enzym; → Phenylketonurie).

Gynäkologie: Frauenheilkunde

Gynäkomastie: durch Östrogenüberschuss (→ Östrogen) hervorgerufene ein- oder beidseitige Vergrößerung der männlichen Brustdrüsen.

H

Haar: Pilus

Haarausfall → Alopezie

Hämangiom: »Blutschwamm«; gutartige, dunkelrote, meist erhabene Gefäßgeschwulst in Haut, Unter- oder Schleimhaut.

Haemarthros: infolge einer Verletzung auftretende Blutung in dem betroffenen Gelenk, z. B. dem Knie.

Hämatemesis: Bluterbrechen

Hämatokrit: Anteil der roten Blutkörperchen am Gesamtvolumen des Bluts.

Hämatologie: Teilgebiet der inneren Medizin mit Schwerpunkt auf Funktion und Erkrankungen des Bluts bzw. der Blut bildenden Organe.

Hämatom → Bluterguss

Hämatom, periorbitales: medizinischer Ausdruck für blaues Auge.

Hämatothorax: infolge einer Brustverletzung, von Blutgerinnungsstörungen oder Krebserkrankung auftretende Blutansammlung zwischen Brustwand und Lunge.

Hämaturie: Blut im Urin; tritt meist infolge von Harnwegsentzündungen auf.

Hämochromatose: genetisch bedingtes übermäßiges Eisenvorkommen im Körper, z. B. in Leber, Bauchspeicheldrüse oder Herz. Äußert sich u. a. durch eine dunkle Verfärbung der Haut.

Hämodialyse: künstlich vorgenomme Blutwäsche bei Funktionsstörungen der Nieren.

Hämoglobin: roter Blutfarbstoff, der Sauerstoff bindet; Hauptbestandteil der roten Blutkörperchen.

Hämoglobinurie: Vorkommen von → Hämoglobin im Urin.

Hämolyse: im Körper stattfindende natürliche Auflösung von überalterten roten Blutkörperchen.

Hämophilie (Bluterkrankheit): primär Männer betreffende genetisch bedingte Blutgerinnungsstörung (→ Gerinnungsstörung); äußert sich u. a. durch unvermittelt auftretende Blutungen in Muskulatur bzw. Gelenken und anhaltende, starke Blutungen bei kleinen Verletzungen.

Haemophilus influenzae b (Hib): bakterieller Erreger, der bei Kleinkindern eine Entzündung der Hirnhaut oder des Kehlkopfdeckels verursacht; Impfung ist möglich.

Hämoptoe → Bluthusten

Hämorrhagie: Blutung

Hämorrhagie, zerebrale → Hirnblutung

hämorrhagische Diathesen → Gerinnungsstörungen

Hämorrhoidektomie: operative Entfernung von → Hämorrhoiden.

Hämorrhoiden: Gefäßpolster unter der Analschleimhaut; für die Feinregulierung des Afterverschlusses.

Hämospasie → Schröpfen

Hämospermie: Blutvorkommen im Sperma.

Hämostase: natürliche Blutstillung des Körpers.

Hängelid (Ptose): auf eine Schwäche des Oberlidmuskels zurückgehendes angeborenes oder erworbenes, meist einseitiges Herabhängen des Augenlids.

Haferzellenkarzinom: kleinzelliges Bronchialkarzinom.

Hagelkorn (Chalazion): kleines, selten haselnussgroßes hartes Knötchen am Lid.

Halitosis: Mundbodenzyste

Hallux: große Zehe

Hallux rigidus: Teilversteifung des Großzehengrundgelenks infolge von Arthrose.

Hallux valgus: durch falsches Schuhwerk verursachte Fehlstellung der Großzehe, vor allem bei Frauen.

Halluzination: Sinneswahrnehmungen ohne reales Ereignis, z. B. Stimmen hören; Hauptsymptom der → Schizophrenie.

Halsentzündung → Mandelentzündung

Hals-Nasen-Ohren-Heilkunde (HNO-Heilkunde): Otorhinolaryngologie

Halsrippe: angeborene Anomalie des siebten Halswirbels, der eine zusätzliche Rippe trägt.

Halsschlagader: Arteria carotis

Hammerfinger: Beugung einer Fingerspitze infolge einer (an-)gerissenen Strecksehne des Fingerrückens.

Hammerzehe: Beugung meist der zweiten Zehe infolge einer Sehnenschädigung.

Hand: Manus

Harn: Urin

Harnblase: Vesica urinaria

Harnblasenentzündung (Cystitis, Zystitis): meist über die Harnröhre aufsteigende bakterielle Entzündung der Harnblasenschleimhaut.

Harninkontinenz: unwillkürlicher Urinabgang, z. B. infolge eines geschwächten Beckenbodens nach einer Geburt.

Harnkonkrement → Harnstein

Harnlassen, schmerzhaftes: oft brennende, stechende Schmerzen beim Urinieren, meist infolge einer → Harnblasenentzündung oder → Harnröhrenentzündung.

Harnlassen, übermäßiges (Polyurie): meist Hinweis auf Erkrankungen der Harnblase, z. B. Entzündung oder Steine, auch infolge von seelischen Belastungen. Wasserlassen von mehr als 2,5 Liter pro Tag tritt bei → Diabetes mellitus auf.

Harnleiter (Ureter): zwei Verbindungsröhren, die den Urin von den Nieren zur Blase leiten.

Harnröhre (Urethra): Ausführungsgang der Harnblase.

Harnröhrenentzündung (Urethritis): wird meist durch Bakterien oder Pilze hervorgerufen und ist durch brennende Schmerzen beim Urinieren gekennzeichnet.

Harnsäure: Abbauprodukt des Purinstoffwechsels.

Harnsperre → Harnverhaltung

Harnstein (Harnkonkrement): meist aus Kalziumoxalat und/oder Phosphat bestehender festsitzender oder wandernder Stein; bildet sich in Nieren, Harnleitern oder Blase.

Harnstoff (Urea): Abbauprodukt des Eiweißstoffwechsels.

Harnuntersuchung (Urinstatus): chemische Laboranalysen und mikroskopische Untersuchung des Harns zur Abklärung von Erkrankungen im Nieren-Blasen-Bereich.

Harnverhaltung (Harnsperre): stark verminderte oder fehlende Harnausscheidung, z. B. infolge einer Blockierung der Harnwege durch → Harnsteine.

Harnwegskatheterisierung: Ableitung des Harns mittels eines Katheters, z. B. infolge einer Operation, → Harnverhaltung oder → -inkontinenz.

Harnzwang (Strangurie): häufiger, meist schmerzhafter Drang zu Urinieren, z. B. infolge einer Entzündung der Blase oder der Prostata.

Ansteckungswege der Virushepatitis

- Hepatitis A: hauptsächlich über den Mund durch verunreinigtes Trinkwasser und verunreinigte Nahrung; Kontaktinfektion, z. B. durch Speichel, Schweiß, Sperma, Fäkalien
- Hepatitis B: in erster Linie auf dem Blutweg durch Spritzenbesteck (Fixer!), Transfusionen, Geschlechtsverkehr, Stillen; Kontaktinfektionen, z. B. durch Speichel, Schweiß, Sperma, Fäkalien
- Hepatitis C: auf dem Blutweg durch Transfusionen; Geschlechtsverkehr
- Hepatitis D: in Verbindung mit Hepatitis B; das Hepatitis-D-Virus ist ein unvollständiges Virus, das der Mithilfe des Hepatitis-B-Virus bedarf
- Hepatitis E: hauptsächlich über den Mund oder durch Fäkalien

Hasenscharte → Lippenspalte

Hashimoto-Thyreoiditis (Immunthyreoiditis): Autoimmunkrankheit; das Immunsystem bildet → Antikörper gegen die Zellen der eigenen Schilddrüse; äußert sich u. a. durch Schilddrüsenunterfunktion oder Kropfbildung.

Hautausschlag (Exanthem): Sammelbegriff für krankhafte Hautveränderungen; tritt z. B. als Symptom von einigen Kinderkrankheiten, → Nesselsucht oder → Psoriasis auf.

Hautbiopsie: Entnahme einer Probe von erkranktem Hautgewebe mittels eines Skalpells oder Kürettage, z. B. zur Abklärung von → Hautkrebs.

Hautentzündung → Dermatitis

Hautkrebs: bösartiger Tumor; es gibt diverse Hautkrebsformen.

Hautpilzerkrankung (Dermatophytie): durch Pilze hervorgerufene Infektionen von Haut, Nägeln und Haaren, z. B. → Bartflechte, → Fußpilz.

Hefepilzerkrankung (Candidaerkrankung): verschiedene Arten von Pilzen, von denen einige Infektionen der Haut und Schleimhaut verursachen, z. B. → Soor.

Helicobacter pylori: Stäbchenbakterien, die → Gastritis und Dünndarmentzündungen verursachen können.

Heliosis → Sonnenstich

Helminthiasis: Wurminfektion

Hemiparese: unvollständige Lähmung einer Körperhälfte.

Hepar: Leber

Hepatektomie: operative Entfernung der Leber bzw. kranker Teile.

Hepatitis: meist durch Viren hervorgerufene Entzündung der Leber, die oft bleibende Leberschädigungen zur Folge hat und oft mit einer → Gelbsucht einhergeht.

Hepatogramm: Leberdarstellung

Hepatomegalie: Vergrößerung der Leber.

Hernie (Eingeweidebruch): meist auf angeborene Schwäche der Bauchwand (Muskel- und Bindegewebeschichten) zurückgehende Verlagerung von Organen oder -teilen, die normalerweise innerhalb einer Körperhöhle liegen, durch eine Wandlücke (Bruchpforte) austreten und in einen neu entstandenen Hohlraum (Bruchsack) treten, z. B. → Zwerchfellhernie oder → Leistenbruch.

Herniotomie: ambulante oder unter Vollnarkose durchgeführte chirugische Korrektur einer → Hernie.

Herpangina (Angina herpetica): durch Viren hervorgerufene Halsentzündung; äußert sich durch grippeähnliche Symptome und Bläschenbildung im Rachen.

Herpes → Genitalherpes, → Lippenherpes, → Schwangerschaftsherpes

Herpes simplex → Genitalherpes, → Lippenherpes

Herpes zoster → Gürtelrose

Herz: Cor

Herzasthma (Asthma cardiale): eine durch Schwäche der Pumpkraft des linken Herzmuskels (→ Herzinsuffizienz) verursachte Blutstauung im Lungenkreislauf bzw. Flüssigkeitsansammlung in der Lunge; äußert sich u. a. durch Atemnot.

Herzbeutel: Perikard, äußerste Umhüllung des Herzes.

Herzbeutelentzündung: Perikarditis

Herzenge → Angina pectoris

Herzentzündung (Karditis): Sammelbegriff für Entzündungen von Teilen des Herzes; z. B. Entzündung des Herzmuskels.

Herzerkrankung, koronare (KHK, Herzkranzgefäßerkrankung): krankhafte Verengung der Herzkranzgefäße (Koronararterien), wodurch eine Unterversorgung der Herzmuskulatur mit Blut und Sauerstoff entsteht; ist Hauptursache für → Angina pectoris und → Herzinfarkt.

Herzinfarkt (Myokardinfarkt): durch Verschluss einer Koronararterie hervorgerufene lebensbedrohliche Unterversorgung der Herzmuskulatur mit Blut, wodurch Gewebe abstirbt; äußert sich u. a.

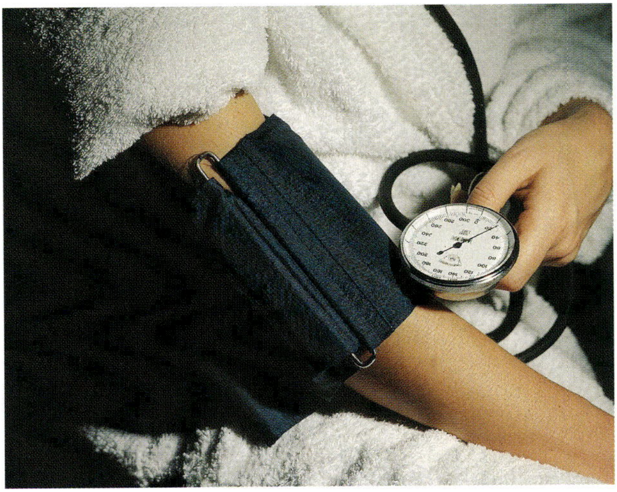

Die Blutdruckmessung ist eine Standarduntersuchungsmethode bei jedem Arztbesuch. Primär dient sie zur Diagnose eines Bluthochdrucks, der auch eine Herzschwäche nach sich ziehen kann.

durch heftige Burstschmerzen, kalten Schweiß und Todesangst.

Herzinnenhautentzündung: Endokarditis

Herzinsuffizienz (Herzmuskelschwäche): u. a. durch → Bluthochdruck oder einen Herzklappenfehler hervorgerufene Funktionsstörung des Herzes.

Herzjagen (Tachykardie): Herzfrequenz von über 100 Schlägen pro Minute beim Erwachsenen. Ist eine normale Erscheinung z. B. bei Angst oder → Fieber, kann aber auch infolge einer Erkrankung auftreten, z. B. → Schilddrüsenüberfunktion.

Herzklappenplastik (Valvuloplastik): chirurgischer Eingriff zur Korrektur einer fehlerhaften Herzklappe.

Herzkranzgefäßerkrankung → Herzerkrankung, koronare

Herz-Lungen-Wiederbelebung (Reanimation, cardiopulmonale): Herzdruckmassage in Kombination mit Mund-zu-Mund-Beatmung.

Herzmangeldurchblutung → Herzerkrankung, koronare

Herzmuskel: Myokard

Herzmuskelentzündung: Myokarditis

Herzneurose: Angst vor einer Herzerkrankung, ohne organisch krank zu sein.

Herzrhythmusstörungen: unregelmäßige Herzschlagfolge.

Herzschwäche → Herzinsuffizienz

Herzstillstand (Asystolie): völliges Erliegen der Herztätigkeit.

Herztransplantation: operatives Ersetzen eines erkrankten Herzes durch ein gesundes Herz.

Herzvergrößerung (Kardiomegalie): tritt infolge von → Bluthochdruck oder Herzmuskelerkrankung auf und äußert sich oft als → Herzinsuffizienz oder → Herzrhythmusstörungen.

Hesperidin: Flavonoid; ätherähnliche Verbindung aus Zucker und alkohol- und phenolhaltigen Stoffen, die u. a. eine Abdichtung der → Kapillaren bewirkt.

heterozygot: mischerbig; von zwei verschiedenen Genen beeinflusst; Gegensatz: → homozygot.

Heuschnupfen (Pollenallergie): durch Blütenpollen ausgelöste → Allergie; äußert sich u. a. durch Niesanfälle und entzündete Augen.

Hexenmilch: durch mütterliche Hormone verursachter weißlicher Ausfluss, der aus der Brustwarze eines Neugeborenen austritt.

Hexenschuss (Lumbago): durch kalten Luftzug oder Heben von Lasten hervorgerufene plötzlich auftretende starke Schmerzen und Bewegungsunfähigkeit im Bereich der Lendenwirbelsäule.

Hiatushernie → Zwerchfellhernie

Hib-Impfung → Haemophilus influenzae b

Hinken: Claudicatio

Hinterhaupt: Okziput (Occiput)

Hippokratischer Eid: Schwurformel nach Hippokrates; in Abwandlungen noch heute für Ärzte gültig.

Hirnabszess: meist infolge einer Infektion im Körper hervorgerufene Ansammlung von Eiter im Gehirn.

Hirnblutung (zerebrale Hämorrhagie): oft infolge einer Kopfverletzung auftretender Riss eines oder mehrerer Blutgefäße im Gehirn.

Hirnhäute: Meningen

Hirnhautentzündung (Meningitis): meist Folgeerscheinung einer durch Viren oder Bakterien hervorgerufenen schweren Infektion im Körper; äußert sich u. a. durch → Fieber, Kopfschmerzen und Nackensteife.

Hirn-Rückenmark-Entzündung (Encephalomyelitis): oft infolge von → Masern auftretende schwere Entzündung von Gehirn und Rückenmark; äußert sich u. a. durch → Fieber und epileptische Anfälle (→ Epilepsie).

Hirntumor: gut- und bösartige Geschwulstbildungen im Gehirn.

Hirsutismus: ungewöhnlich starke Körperbehaarung bei Frauen.

Hirudin: Wirkstoff aus dem Speichel von Blutegeln, der die → Blutgerinnung hemmt.

Histamin: Gewebehormon, das sich im Körper aus der körpereigenen → Aminosäure Histidin gebildet hat und für die meisten allergischen Reaktionen verantwortlich ist.

Histokompatibilitätsantigene: Gruppe von Proteinen, die im → Immunsystem eine wichtige Rolle spielen.

Histologie: Lehre von den Grundgeweben des menschlichen Körpers.

Hitzeerythrem: infolge starker Hitzeeinwirkung juckende, trockene Haut mit roten Pusteln.

Hitzekrämpfe: allein oder als Symptom eines → Hitzschlags auftretende schmerzhafte Muskelkrämpfe infolge extremen Salzmangels.

Hitzepickel: Miliaria, Miliaria rubra

Hitzewallungen: »fliegende Hitze«; Symptom der Wechseljahrebeschwerden der Frau, vermutlich infolge des hormonellen Umstellungsprozesses.

Hitzschlag (Hyperpyrexie): eventuell lebensbedrohlicher Ausfall der körpereigenen Wärmeregulierung infolge länger anhaltender Hitzeeinwirkung (z. B. Sonnenbestrahlung); äußert sich u. a. durch → Fieber, starke Gesichtsrötung, schnellen Puls und flachen Atem.

HIV (human immunodeficiency virus) → AIDS

HLA-System → Histokompatibilitätsantigene

HNO: Abkürzung für den Bereich Hals-Nase-Ohren.

Höckerchen → Tuberkel

Hoden: Testis, Testikel

Hodenektopie: Fehllage des Hodens, der nicht im Hodensack, sondern z. B. in der Leiste liegt.

Hodenentzündung (Orchitis): von Schwellung und Schmerzen begleitete, meist als Folgeinfektion von → Mumps auftretende Entzündung des Hodens oder Hodenkanals.

Hodenentfernung, operative (Hodenexstirpation; Orchidektomie): angezeigt bei Hoden- oder Prostatakrebs.

Hodenhochstand (Hodenretention): einer oder beide Hoden beim männlichen Neugeborenen sind nicht in den Hodensack abgestiegen, sondern befinden sich noch in der Bauchhöhle.

Hodenkarzinom (Seminom): aus einer oder mehreren Zellarten bestehender bösartiger Tumor des Hodens.

Hodenretention → Hodenhochstand

Hodensack: Skrotum

Hodenschwellung: meist schmerzlose Schwellung des Hodensacks, oft ohne erkennbare Ursache, kann aber auch Hinweis auf ein → Hodenkarzinom sein.

Hodentorsion: Schmerzen und Schwellung des Hodens infolge einer Verdrehung des Samenstrangs; kann zu Unfruchtbarkeit führen.

Hodgkin-Krankheit (Morbus Hodgkin): bösartige Wucherungen im lymphatischen Gewebe; äußert sich u. a. durch Anschwellen der Lymphknoten.

Höhenkrankheit → Bergkoller

Hörnerv: Teil des VIII. Hirnnervs (Nervus vestibulocochlearis), der für das Gehör verantwortlich ist.

Hörsturz: oft durch Ohrgeräusche und vermindertes Hörvermögen gekennzeichnete Erkrankung z. B. infolge Durchblutungsstörungen oder → Stress.

hoher Blutdruck → Bluthochdruck

Hohlnägel → Löffelnägel

Homöopathie: von Samuel Hahnemann begründete alternative Heillehre, bei der verdünnte und potenzierte Arzneien zur Anwendung kommen, die zunächst die Symptome der zu behandelnden Krankheit hervorrufen (Ähnlichkeitsprinzip) und so die gestörte Lebenskraft regulieren.

Homöostase: für den Körper lebensnotwendiger Prozess, durch den der Organismus, trotz äußeren Schwankungen, seine inneren Bedingungen konstant hält, z. B. natürliche Wärmeregulierung durch vermehrte Schweißproduktion infolge erhöhter Körpertemperatur.

homogen: gleichartig

homozygot: Erbgleicheit von Organismen; Vererbung eines identischen Gens von beiden Eltern; Gegensatz → heterozygot.

Homozystinurie: angeborene Enzymmangelkrankheit, durch die es zu einer vermehrten Anreicherung der Aminosäure Homocystin kommt, die sich auf das Körperwachstum auswirkt (z. B. extrem lange Gliedmaßen).

Hordeolum → Gerstenkorn

Hormon: von Drüsen und einigen Organen produzierter körpereigener Botenstoff, der zusammen mit dem Nervensystem die Stoffwechselvorgänge steuert und viele Organfunktionen anregt.

Hormonantagonist: Gegenspieler eines → Hormons.

Horner-Syndrom: durch Nervenschädigung verursachte krankhafte Erscheinung, die sich durch Pupillenverengung, Lidsenkung und Zurücksinken eines Auges äußert.

Hornhaut: **1.** Auge: Cornea, Kornea; **2.** Haut: Epidermis.

Hornhautgeschwür (Ulcus corneae): durch Verletzungen oder Infektionen hervorgerufene, meist offene Wunde der Augenhornhaut.

Hornhauttransplantation (Keratoplastik): chirurgische Verpflanzung von Hornhautgewebe, z. B. bei Hornhauttrübungen.

Horton-Syndrom → Arteriitis temporalis

Hospitalismus: seelische Veränderung infolge eines längeren Krankenhausaufenthalts, z. B. Verlust der Selbstständigkeit, Passivität.

Hospiz: Krankenhaus (oder Station), das sich der Pflege todkranker Menschen annimmt.

Hüftverrenkung (Hüftluxation): meist angeborene Fehlstellung der Hüfte auf einer oder beiden Seiten, bei der der Oberschenkelkopf außerhalb der Gelenkpfanne sitzt.

Hühnerauge (Clavus): schmerzhafte Verdickung der Hornhaut zu einem kleinen Kegel an Zehen.

Humerus: Oberarmknochen

Husten (Tussis): Reflex, durch den Fremdkörper, Schleim oder andere Stoffe aus den Atemwegen durch den Mund ausgeworfen werden; oft als Folge von Atemwegsinfekten.

HWS: Halswirbelsäule

Hydarthros: Gelenkerguss

Hydramnion (Polyhydramnion): übermäßige Vermehrung des den Fetus während der Schwangerschaft umgebenden Fruchtwassers.

Hydrocephalus (Wasserkopf): oft angeborene übermäßige Menge an Gehirnflüssigkeit im Schädel, z. B. infolge von → Spina bifida.

Hydrops: durch Rhesusunverträglichkeit des → Fetus hervorgerufene abnorme Flüssigkeitsansammlung in Körpergeweben oder -höhlen.

Hydrotherapie: Wasseranwendung (z. B. Güsse, Bäder)

Hydroxocobalamin: synthetisches Vitamin-B12-Präparat, das zur Langzeitwirkung gespritzt wird.

Hydrozele: Wasserbruch

Hygroma cysticum: Wassergeschwulst

Hymen: Jungfernhäutchen

Hyoid: Zungenbein

hyper-: Wortbestandteil mit der Bedeutung »über, übermäßig, über hinaus«; Gegenteil: → hypo-.

Hyperaktivität (hyperkinetisches Syndrom): Verhaltensstörung bei Kindern; äußert sich u. a. durch chronische Unruhe und mangelnde Konzentrationsfähigkeit.

Hyperakusis: überdurchschnittlich gut entwickelter Gehörsinn.

Hyperämie: physiologische oder krankhafte übermäßige Ansammlung von → Blut in einem Organ; z. B. durch Muskelarbeit oder gestörten Blutabfluss.

Hyperazidität: Übersäuerung des Magensafts.

Hyperbilirubinämie → Bilirubin

Hyperemesis: heftiges Erbrechen, das zu Gewichtsverlust und Austrocknung führt.

Hyperemesis gravidarum: Schwangerschaftserbrechen

Hyperglykämie: überhöhter Blutzuckerspiegel infolge eines schlecht eingestellten → Diabetes mellitus.

Hyperhidrose → Schwitzen

Hyperkalzämie: überhöhter Kalziumspiegel im Blut.

Hyperkapnie: zu hohe Kohlensäurekonzentration im Blut.

Hyperkeratose: Verdickung der äußeren Hautschicht, z. B. → Hühnerauge.

hyperkinetisches Syndrom → Hyperaktivität

Hyperlipidämie: Sammelbegriff für Stoffwechselstörungen, die durch erhöhte Fettwerte im Blut verursacht werden.

Hypermetropie → Weitsichtigkeit

hypernephroides Karzinom (Hypernephrom): besonders häufige Form des Nierenkrebses.

Hyperopie → Weitsichtigkeit

Hyperpararthyreoidismus: Nebenschilddrüsenüberfunktion

Hyperplasie: Vergrößerung eines Organs oder Gewebes, z. B. Zunahme des Brustgewebes während einer Schwangerschaft.

Hyperpyrexie → Hitzschlag

Hypersensibilität: Überreaktion des → Immunsystems auf ein → Antigen.

Hypersomnie: krankhaft gesteigertes Schlafbedürfnis.

Hyperthermie: extrem hohe Körpertemperatur.

Hypertension, portale → Pfortaderhochdruck

Hyperthyreose → Schilddrüsenüberfunktion

Hypertonie → Bluthochdruck

Hypertrichosis: oft infolge von Medikamenteneinnahme auftretende extreme Körperbehaarung an atypischen Stellen.

Hypertrophie: Zunahme des Zellvolumens von Organen oder Geweben, z. B. Muskeln, aufgrund größerer Beanspruchung.

Hyperurikämie: erhöhte Harnsäurewerte im Blut; ist meist Vorstufe oder Begleiterscheinung von → Gicht oder → Nierensteinen.

Hyperventilation: **1.** rasche Atmung, z. B. angstbedingt; **2.** Beatmungsform in der Intensivmedizin.

hypo-: Wortbestandteil mit der Bedeutung »unter, darunter«; Gegenteil: → hyper-.

Hypoadrenokortizisimus: Nebennierenrindeninsuffizienz

Hypoaldosteronismus: infolge einer Erkrankung der Nebennieren auftretender chronischer Aldosteronmangel (→ Aldosteron).

Hypochondrie: Sorge, schwer krank zu sein, auch wenn zweifelsfrei keine Erkrankung vorliegt.

Hypochondrium (Regio hypochondriaca): Oberbauchgegend unterhalb des Rippenbogenbereichs.

Hypoglossusnerv (Nervus hypoglossus): XII. Hirnnerv, der für die motorischen Bewegungen der Zunge verantwortlich ist.

Hypoglykämie: zu niedrige Zucker(Glukose-)konzentration im Blut.

Hypogonadismus: Unterfunktion der Geschlechtsdrüsen; ruft bei Frauen Östrogen- (→ Östrogen), bei Männern Androgenmangel (→ androgene Hormone) hervor.

Hypohidrose: verminderte Schweißbildung.

Hypokalzämie: erniedriger Kalziumspiegel im Blut.

Hypoparathyreoidismus → Nebenschilddrüsenunterfunktion

Hypophyse (Glandula pituitaria): Hirnanhangsdrüse; steuert als übergeordnete endokrine Drüse u. a. die Funktionen anderer endokriner Drüsen (→ endokrines System).

Hypopituitarismus: Unterfunktion des Hypophysenvorderlappens (→ Hypophyse) mit unterschiedlichen Auswirkungen, je nachdem, welches Hormon betroffen ist.

Hypoplasie: angeborene Unterentwicklung eines Organs oder Gewebes.

Hyposensibilisierung: Verabreichung von → Allergenen zur Behandlung einer → Allergie.

Hypothalamus: unter dem Hauptteil des Zwischenhirns, dem Sehhügel (Thalamus), liegend; Hauptregulationsorgan des sympathischen Nervensystems.

Hypothermie: Unterkühlung; Absinken der Körpertemperatur unter 35 °C.

Hypothyreose → Schilddrüsenunterfunktion

Hypotonie → Blutdruck, niedriger

Hypovitaminose → Vitaminmangel

Hypovolämie: Verminderung der Blutmenge als Folge von starkem Blutverlust.

Hypoxie: ungenügende Sauerstoffversorgung des Körpergewebes.

Hysterektomie → Gebärmutterentfernung

I

iatrogen: durch ärztliche Einwirkung bedingt, z. B. unerwünschte Nebenwirkungen bei Medikamenteneinnahme, aber auch mangelnde Fürsorge des Arztes.

Ichthyosis: »Fischschuppenkrankheit«; infolge angeborener Störung der Keratinproduktion hervorgerufene extreme Trockenheit und Schuppenbildung der Haut.

Icterus neonatorum → Neugeborenengelbsucht

idiopathisch: ohne erkennbare Ursache entstanden.

Idioplasma: Erbsubstanz

Ikterus → Gelbsucht

Ileitis regionalis → Enteritis regionalis Crohn

Ileum (Krummdarm): längster, engster Teil des Dünndarms, der in den Dick- bzw. Blinddarm mündet.

Ileus → Darmverschluss

Iliosakralgelenk → Kreuzbein-Darmbein-Gelenk

Immundefekt: angeborene Störung des → Immunsystems; führt allgemein zu Infektanfälligkeit und verzögerter Heilung.

Immunglobulin → Antikörper

Immunisierung → Impfung

Immunstimulanzien: Wirkstoffe, die das → Immunsystem anregen.

Immunsuppressiva: Wirkstoffe, die Immunreaktionen abschwächen oder unterdrücken.

Immunsystem: körpereigenes Abwehrsystem; sämtliche angeborenen oder erworbenen Abwehrmechanismen zum Schutz des Körpers vor Krankheitserregern (z. B. → Bakterien, → Viren, Pilze).

Immunthyreoiditis → Hashimoto-Thyreoiditis

Impetigo: meist im Nasen- und Mundbereich entstehende bakterielle Hautinfektion; äußert sich u. a. durch flüssigkeitshaltige Bläschen.

Impfstoff (Vakzine): Präparat, das im Körper Immunität gegen eine Infektionskrankheit erzeugt.

Impfung (Vakzination): aktive Immunisierung; abgetötete Mikroorganismen werden zur Sensibilisierung des → Immunsystems in den Körper injiziert, so dass es künftig in der Lage ist, diese Krankheitserreger zu erkennen, zu vernichten und eine Erkrankung abzuwenden.

Implantat: chirurgisch eingesetztes natürliches oder künstliches Material im Austausch für geschädigte Körpergewebe oder -organe.

Implantate, dentale: Schrauben und Zylinder als Ersatz für Zähne oder zur Fixierung einer Prothese im Kieferknochen.

Impotenz → Potenzstörungen

Incisivus: Schneidezahn

Incontinentia alvi → Stuhlinkontinenz

Incontinentia urinae → Harninkontinenz

Indigestion → Verdauungsstörung

Infarkt → Herzinfarkt

Infekt: durch Eindringen und Vermehrung von Krankheitserregern (→ Bakterien, → Pilze, → Viren) im Körper verursachte Krankheiten.

Infektanfälligkeit: Abwehrschwäche

Infektion, alimentäre: Infektion durch mit Keimen verunreinigte Lebensmittel.

infektiöse Mononukleose → Drüsenfieber

Infertilität → Unfruchtbarkeit

Infiltrat: atypische Ansammlung von Stoffen oder Zellen innerhalb eines Gewebes, z. B. infolge einer Erkrankung.

Inflammation: Entzündung

Influenza: »echte« Grippe; Virusinfektion meist der oberen Atemwege; äußert sich u. a. durch hohes → Fieber, Schüttelfrost, Muskel- und Kopfschmerzen.

Infusion, intravenöse (Tropf): Verabreichung einer medizinischen Lösung über einen Plastikschlauch und eine Kanüle in eine Vene.

Ingestion: Aufnahme durch den Mund; z. B. Nahrungsmittel.

inguinal: die Leistengegend betreffend.

Inguinalhernie → Leistenbruch

Inhalation: Kopfdampfbad zur Linderung von Atemwegsinfektionen mittels heißen Wasserdampfs und Heilsubstanzen.

Inhibition: Prozess, durch den eine geistige oder körperliche Aktivität gehemmt wird.

Injektion: Verabreichung einer Substanz durch eine Spritze mit einer Nadel in den Körper.

Inkubationszeit (Latenzperiode): Zeit zwischen Ansteckung und Ausbruch einer Infektionskrankheit.

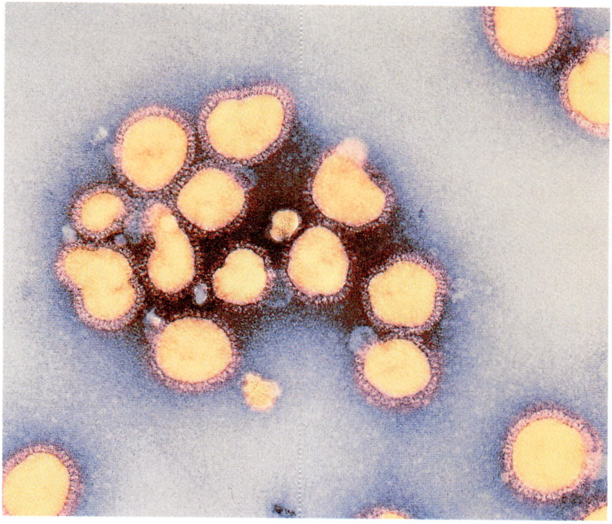

Influenzaviren: hartnäckig und besonders zu Zeiten der alljährlichen Grippewelle gefürchtet wie kaum ein anderer Krankheitserreger.

Inkubator: Brutkasten; Klimakammer zur Pflege von Frühgeborenen und kranken Neugeborenen.

Innenohrentzündung (Labyrinthitis): Schwindel verursachende Entzündung der flüssigkeitshaltigen Kammer im Innenohr (Labyrinth).

inoperabel: keine Linderung durch operative Maßnahmen, z. B. bei fortgeschrittenem Krebs.

Insemination: künstliche Befruchtung

in situ: »an Ort und Stelle«

Insomnie → Schlaflosigkeit

Inspiration: Einatmung

Insulin: Hormon der Bauchspeicheldrüse, das den Blutzucker senkt.

Insulinantagonisten: hormonelle Gegenspieler des → Insulins.

Insulinresistenz: durch → Antikörper hervorgerufene Wirkungslosigkeit des → Insulins.

Interferone: **1.** körpereigene Proteine; **2.** Präparate zur Behandlung von einigen Krebsarten.

interkostal: zwischen den Rippen

Intertrigo (Wolf): durch Aneinanderreiben zweier Hautflächen hervorgerufenes Wundsein.

interzellulär: zwischen den Zellen

Intestinum: Darm

Intoxikation → Vergiftung

intrakavitäre Behandlung: Radio- bzw. → Chemotherapiebehandlung eines bösartigen Tumors.

intramuskulär: in einen Muskel hinein (z. B. eine Injektion)

intrauterin: in der Gebärmutter

intrauteriner Fruchttod → Totgeburt

Intrauterinpessar → Spirale

intravenös: in eine Vene hinein (z. B. eine Injektion)

intrazellulär: in den Zellen

Intubation: Einführung eines Schlauchs in eine Körperhöhle, z. B. zur künstlichen Sauerstoffversorgung der Lunge.

Invagination → Einstülpung

invasiv: eindringend; z. B. Befall des Nachbargewebes durch einen bereits gebildeten bösartigen Tumor.

In-vitro-Befruchtung: Befruchtung des weiblichen Eis außerhalb des Körpers.

in vivo: biologische Prozesse, die im lebenden Körper stattfinden.

Inzision: Schnitt mit einem Skalpell.

Iridektomie: meist bei → grünem Star vorgenommene chirurgisch oder mithilfe eines Laserstrahls durchgeführte Entfernung eines Teils der → Regenbogenhaut.

Iridozyklitis: Entzündung der Iris

Iris → Regenbogenhaut

Iritis → Regenbogenhautentzündung

Irradiation: Bestrahlung

Ischämie: unzureichende Blutzufuhr zu Organen und Geweben, z. B. bei → Herzinsuffizienz.

Ischialgie → Ischiassyndrom

Ischiasnerv: Nervus ischiadicus, kleinfingerdicker Nerv, der das Bein versorgt.

Ischiassyndrom (Lumbago-Ischias-Syndrom): entlang dem Ischiasnerv auftretende Schmerzen, die meist in den Gesäßmuskel, Oberschenkel, eventuell bis zum Fuß ausstrahlen.

IUP → Spirale

IVF → In-vitro-Befruchtung

IZSH → luteinisierendes Hormon

J

Jakob-Creutzfeldt-Syndrom → BSE

Jejunum → Leerdarm

Jod: Spurenelement; wichtig für die Bildung von → Schilddrüsenhormonen.

Juckreiz (Pruritus): lokal oder großflächig auftretende, oft andauernde und quälende Hautreizung.

Jungfernhäutchen: Hymen

Jungfräulichkeit (Virginität): Unverletztheit des Jungfernhäutchens.

juvenil: jugendlich

juvenile rheumatoide Arthritis → Still-Krankheit

Juxtaposition: Anlagerung; z. B. bei Steinbildungen.

K

Kachexie: Auszehrung

Käseschmiere (Vernix [caseosa]): weiße, cremige Substanz, die oft die Haut des Neugeborenen bedeckt.

Kaiserschnitt (Sectio caesarea): Geburtshilfe durch operative Öffnung der Gebärmutter nach Schnitt durch die Bauchdecke.

Kalium: Alkalimetall; spielt im Stoffwechsel eine wichtige Rolle.

Kalziferol: veraltert für Vitamin D2, heute → Ergocalciferol.

Kalzifikation → Mineralisation, dentale

Kalizerferol: Vitamin D

Kalkaneus (Calcaneus): Fersenbein

Kalzinose: Verkalkung von Gewebe durch Ablagerung von → Salzen.

Kalzium: häufigstes, wichtiges Mineral im Körper.

Kammerflimmern: lebensbedrohende, unwillkürliche Kontraktionen der Herzmuskulatur.

Kammertachykardie (ventrikuläre Tachykardie): oft durch eine Herzerkrankung (z. B. → Herzinfarkt) verursachte schwere Herzrhythmusstörung.

Kapillare: kleinstes Blutgefäß.

Kaposi-Sarkom: häufig als Folgeerscheinung von → AIDS auftretende rasche Ausbreitung von bösartigen Hauttumoren.

Kapuzenmuskel: Trapezius

Karbunkel: Gruppe mehrerer, eng nebeneinander stehender, ineinander übergehender → Furunkel.

Kardiologie: Lehre von den Herzkrankheiten

Kardiomegalie → Herzvergrößerung

Kardiomyopathie: Herzmuskelschwäche; verursacht eine verminderte Leistungsfähigkeit des Herzes.

Kardiotokografie (CTG): Kontrolluntersuchung; Aufzeichnung der kindlichen Herztöne im Mutterleib.

kardiovaskuläres System → Kreislaufsystem

kardiovaskuläre Störung: Herz-Kreislauf-Störungen

Kardioversion: Behandlung von Herzrhythmusstörungen → Defibrillation.

Karditis → Herzentzündung

Karies (Zahnfäule): allmählicher Verfall der harten Zahnsubstanzen, z. B. Zahnschmelz, oft infolge falscher Essgewohnheiten.

Karpaltunnelsyndrom (Medianuskompressionssyndrom): durch Druck auf einen Nerv in der Handwurzel auftretendes Taubheitsgefühl und Kribbeln in Daumen, Zeige- und Mittelfinger.

karzinogen: Krebs erregend, kanzerogen

Karzinogenese → Krebsentstehung

Karzinom: bösartiger Tumor

Karzinomatose: Verbreitung von bösartigen Wucherungen im ganzen Körper, die von einem bösartigen Tumor ausgehen.

Karzinophobie → Krebsangst

Kastoröl: Rizinusöl

Kastration: operative Entfernung von Hoden bzw. Eierstöcken oder deren Stilllegung.

Katarakt → grauer Star

Katarrh: Schleimhautentzündung, die oft mit reichlicher Absonderung von Schleim einhergeht.

Katheter: flexible oder starre Röhrchen zur Einführung in Organe zur Beobachtung oder Ableitung von Flüssigkeiten.

Kaudalanästhesie: lokale Betäubung im unteren Bereich des Wirbelkanals, z. B. bei → Kaiserschnitt.

Kauterisation: therapeutische Gewebezerstörung durch Brenn- oder Ätzmittel (z. B. Messerelektrode).

Kawasaki-Syndrom: Kinderkrankheit unbekannter Ursache; äußert sich u. a. durch → Fieber, Lymphknotenschwellung und später Hautauschlag und Hautschälung an Fingern und Zehen.

Kehlkopf: Larynx

Kehlkopfentfernung (Laryngektomie): häufig angezeigt bei Kehlkopfkrebs.

Kehlkopfentzündung (Laryngitis): akut oder chronisch auftretende, oft durch Viren hervorgerufene Infektion des Kehlkopfs; äußert sich durch Heiserkeit und → Stimmverlust.

Kehlkopfkrebs (Larynxkarzinom): bösartiger Tumor des Kehlkopfs.

Kehlkopfspiegelung (Laryngoskopie): mit einer optischen Sonde oder einem Spiegel durchgeführte Untersuchung des Kehlkopfs zur Abklärung von Erkrankungen.

Keimdrüsen → Geschlechtsdrüsen

Keimfreiheit: Asepsis

Keloid: strang- oder plattenförmige juckende Narbe auf der Haut durch Ablagerung von → Kollagen.

Kephalgie → Kopfschmerzen

Keratin: Hauptinhaltsstoff der äußersten Hautschicht.

Kernspintomografie – ein wertvolles Diagnoseverfahren

Mit der Kernspintomografie, bei der man für etwa 30 Minuten in einer Röhre liegt, lassen sich Körpergewebe kontrastreicher darstellen als mit der einfachen Computertomografie, so z. B. das Zentralnervensystem oder Gelenke und das umliegende weiche Gewebe. Auch Krebstumoren in Gehirn, Rückenmark oder Knochen sind mit der Kernspintomografie besser zu erkennen als mit anderen Verfahren. Hinzu kommt, dass dieses Diagnoseverfahren besonders strahlenarm und vollkommen schmerzlos ist.

Keratitis: Hornhautentzündung des Auges

Keratokonjunktivitis: Horn- und Bindehautentzündung des Auges.

Keratomalazie: Hornhauterweichung des Auges.

Keratoplastik → Hornhauttransplantation

Keratose: Verhornung der Haut durch vermehrte oder gestörte Produktion von Keratin.

Kernspin(resonanz)tomografie (Magnetresonanztomografie, MRT, nuclear magnetic resonance, NMR): Schichtaufnahmeverfahren, das mittels eines starken Magnetfelds millimetergenaue Schnittbilder von allen Bereichen des Körpers liefert (siehe Kasten).

Keuchhusten (Pertussis): ansteckende, oft durch Bakterien verursachte Infektionskrankheit mit quälenden, krampfartigen Hustenanfällen und typischem Keuchen, kommt vor allem bei Säuglingen und Kindern vor; Impfung wird empfohlen.

Kieferluxation → Kieferverrenkung

Kieferorthopädie: Teilbereich der Zahnheilkunde, in der Fehlstellungen der Zähne korrigiert werden.

Kieferverrenkung: Herausspringen des Unterkiefers aus einem oder beiden Kiefergelenken durch Gewalteinwirkung oder Gähnen.

Kindbett → Wochenbett

Kindbettfieber (Puerperalsepsis): alle Infektionen, die innerhalb von zehn Tagen nach der Geburt im Genitalbereich der Mutter auftreten.

Kinderlähmung (Poliomyelitis, Polio): Virusinfektion, die sich auf Gehirn und Rückenmark ausbreitet und dann teilweise dauerhafte Muskellähmungen hervorrufen kann.

Kindstod, plötzlicher (Mors subita infantum, sudden infant death syndrome, SIDS): unerwarteter Tod eines scheinbar gesunden Säuglings, meist im ersten Lebensjahr, durch Atem- und Herzstillstand.

Kinetose → Bewegungskrankheit

Kitzler: Klitoris

Klappe (Valva): Ventil; klappenförmiges Schleimhautgebilde; reguliert das Abfließen bzw. verhindert das Rückfließen von Flüssigkeiten.

Klauenfuß (Pes cavus): Deformierung des Fußes als Hohlfuß mit der Ausbildung von Klauenzehen.

Klauenhand: Deformierung der Hand mit Verkrümmung der Finger.

Klauennagel: Verdickung und Verkrümmung der Fingernägel.

Klauenzehe (auch Krallenzehe): krallenähnliche Einwärtsdrehung der Zehen nach unten.

Klaustrophobie: Angst vor dem Aufenthalt in engen Räumen.

Klebereiweiß → Gluten

Kleinhirn: Cerebellum

Klimakterium: Wechseljahre

Klinefelter-Syndrom: Auftreten zusätzlicher Geschlechtschromosomen (z. B. XXY) beim Mann; äußert sich u. a. durch eine verringerte Androgenproduktion.

Klistier: Einlauf

Klitoris: Kitzler

Kloßgefühl (Globussyndrom): ein Schlucken und Atmen behinderndes Engegefühl im Hals, das meist psychisch bedingt ist.

Klumpfuß (Pes equinovarus): Spitzfußstellung bei einwärts gedrehtem Fuß.

Klysma → Klistier

KMT → Knochenmarktransplantation

Kniegelenk: Articulatio genus

Kniescheibe: Patella

Knochenbrüchigkeit → Osteoporose

Knochenentzündung (Ostitis): durch Keime (z. B. bei → Tuberkulose) verursachte Entzündung.

Knochenerweichung (Osteomalazie): durch einen Mangel an Vitamin D und → Kalzium verursachte Erweichung der Knochen.

Knochengerüst: Skelett

Knochenhaut: Periost

Knochenhautentzündung: Periostitis

Knochenkrebs (Sarkom): Verdickung des Knochens durch bösartige Geschwulste.

Knochenmark: Medulla ossium

Knochenmarkbiopsie (Knochenmarkpunktion): Entnahme von Knochenmarkzellen zur Diagnose von Bluterkrankungen oder Knochenmarkschäden.

Knochenmarkentzündung: Osteomyelitis

Knochenmarktransplantation (KMT): bei schweren Blut- und Immunsystemkrankheiten angewandte Methode der Knochenmarkübertragung von einem Spender (meist einem der Geschwister) auf den Erkrankten.

Knochenzyste: meist mit Flüssigkeit gefüllter anormaler Hohlraum in einem Knochen.

Knöchelchen: Ossiculum

Knorpel: Cartilago

Knorpelentzündung: Chondritis

Knotenrose (Erythema nodosum): Schwellungen an den Beinen mit einer tiefroten Färbung z. B. infolge einer Infektion durch → Streptokokken.

Koagulum: Blutgerinnsel

Kobalamin: Vitamin B12

Kobalt: metallisch-chemischer Grundstoff (Co); als Spurenelement in Vitamin B12 enthalten.

Körper: Soma

Körperhohlvene: Vena cava

Kohabitation: Geschlechtsverkehr

Kohlenhydrate: wichtigste Energiequelle des Körpers; Verbindungen aus Kohlen-, Wasser- und Sauerstoff.

Koilonychie → Löffelnägel

Koitus: Geschlechtsverkehr

Kokken: kugelförmige Bakterien

Kokzygodynie → Steißbeinschmerz

Kolektomie: operative Entfernung des Dickdarms (Kolon).

Kolik: schmerzhafte, krampfartige Zusammenziehung von Hohlorganen, wobei die Schmerzen in Wellen auftreten, z. B. Gallenkolik.

Kolitis → Dickdarmentzündung

Kollagen: stark quellende Eiweißkörper als Gerüsteiweiß vor allem im Bindegewebe und in Sehnen.

Kollagenosen: Erkrankungen des kollagenhaltigen Gewebes oder fehlerhafte Bildung von Kollagen.

Kolon: Dickdarm

Kolonkarzinom: bösartiger Tumor des Dickdarms.

Kolo(n)skopie → Darmspiegelung

Kolonresektion → Kolektomie

Kolostomie: operatives Verfahren zur Schaffung eines künstlichen Darmausgangs.

Kolostrum → Vormilch

Kolpitis → Scheidenentzündung

Kolporrhaphie: Scheidenplastik

Kolposkopie → Scheidenspiegelung

Koma: Zustand tiefer, länger dauernder → Bewusstlosigkeit, die auch durch äußere Reize nicht unterbrochen werden kann.

Kombinationsimpfstoff → Dreifachimpfung

Komedo: Mitesser

Kondom (Präservativ): Mittel der Empfängnisverhütung; die hauchdünne Gummifolie wird über den Penis gezogen.

kongenital: angeborener, bereits bei der Geburt vorhandener anormaler Zustand.

Konisation: Entnahme eines kegelförmigen Gewebestücks aus dem Gebärmutterhals durch die Scheide zur Abklärung von Erkrankungen.

Konjunktiva: Bindehaut des Auges

Konjunktivitis → Bindehautentzündung

Konkrement: Stein

Konkussion → Gehirnerschütterung

Kontraindikation → Gegenanzeige

Kontraktur: Einschränkung der Bewegungsfähigkeit eines Gelenks durch dauerhafte Verkürzung von Geweben.

Kontrazeptiva: Empfängnisverhütungsmittel

Kontusion → Prellung

Konvaleszenz: Genesung

Konvulsion → Fieberkrampf

Kopf (auch Schädel): Cranium

Kopfschmerzen (Kephalgie): besonders häufig auftretende Erscheinung, oft als körperliche Reaktion auf seelische Anspannung oder negative Stimulation von außen (z. B. Wetterumschwung) kann auch das → Symptom einer Krankheit sein.

Kophosis → Taubheit

Koplik-Flecken → Masern

Kornea: Hornhaut des Auges

Kopfschmerzen – für viele schon fast eine alltägliche Qual.

Koronararterienbypass: Umgehung einer verengten Stelle einer Herzkranzarterie mit dem operativ eingesetzten Stück einer Beinvene.

Kortikosteroidhormone: von den Nebennierenrinden produzierte Hormone, die die Nahrungsverwertung und die Salz- und Wasserausscheidung über den Urin steuern.

Kortikotropin → ACTH

Kortisol: Hormon aus der Gruppe der → Kortikosteroidhormone.

Kortison: synthetisches → Kortikosteroidhormon zur Behandlung von Entzündungen infolge schwerer → Allergien sowie rheumatischen und Bindegewebeerkrankungen.

Kot: Faeces, Stuhl

Krätze (Skabies): durch die Krätzmilbe verursachte kleine Hautknötchen mit starkem → Juckreiz.

Krallenzehe → Klauenzehe

Krampf (Spasmus): unwillkürliche Muskelkontraktionen, die meist Sekunden, als Folge von Erkrankungen aber auch erheblich länger andauern können.

Krampfaderbruch (Varikozele): abnorme Erweiterung und Schlängelung der Venen an den Hoden.

Krampfadern (Varizen): überwiegend an den Beinen auftretende krankhaft vergrößerte Blutgefäße.

Krampfaderkrankheit: Varikose

Kraniotomie: Schädeleröffnung

Kranium: Schädel, Cranium

Krebsangst (Karzinophobie): Angst vor einer Krebserkrankung.

Krebsentstehung (Karzinogenese): bösartige Geschwulste entstehen bei Nichtbehandlung bestimmter (Vorkrebs-)krankheiten, aber auch durch Einwirkung von Viren, Chemikalien, Strahlen, bestimmten Nahrungsmitteln sowie anderen unbekannten Faktoren.

Kreislaufsystem (kardiovaskuläres System): ständige Zirkulation des Bluts durch Herz und Blutgefäße zur Versorgung aller Körperzellen mit Sauerstoff und Nährstoffen.

Kreissaal: Entbindungsraum

Kreuzband: Ligamentum cruciatum (im Knie)

Kreuzbein: Os sacrum, Sakrum

Kreuzbein-Darmbein-Gelenke (Iliosakralgelenk): zwei Verbindungen zwischen den großen Beckenknochen und der Wirbelsäule.

Kropf (Struma): Vergrößerung der Schilddrüse, die meist als Schwellung am Hals sichtbar ist.

Krupp (Croup): Kinderkrankheit; infolge einer akuten Entzündung auftretende Kehlkopfverengung; äußert sich u. a. durch einen trockenen, bellenden Husten, Heiserkeit und Atemnot.

Kryotherapie: Heilverfahren, das gezielt Kälte gegen Erkrankungen einsetzt, vor allem bei Blutungen und Schwellungen.

künstliche Befruchtung → In-vitro-Befruchtung

Kürretage: Ausschabung eines Organs zu diagnostischen Zwecken, im Fall der Gebärmutter auch zum Schwangerschaftsabbruch.

Kupfer (Cuprum): als Spurenelement wesentlicher Bestandteil einiger Enzyme.

Kuru: Schüttelkrankheit

Kurzsichtigkeit (Myopie): durch einen zu langen Augapfel verursachter Brechungsfehler der Augenlinse, so dass entfernte Gegenstände verschwommen erscheinen.

Kyphose → Rundrücken

L

Labia: Schamlippen

Labrium oris: Lippe

Labyrinthitis → Innenohrentzündung

Lachgas (Stickoxydul): wird in Verbindung mit Sauerstoff bei einer allgemeinen → Anästhesie eingeatmet.

Lacrimae → Tränen

Laktase: Enzym zur Spaltung von → Laktose.

Laktasemangelsyndrom: Fehlen oder eine zu geringe Menge des Enzyms Laktase im Dünndarm verursacht eine Störung der Verdauung von Laktose (Milchzucker).

Laktation: Milchproduktion

Laktose: Milchzucker

Laminektomie: zur Freilegung des Rückenmarks teilweise oder totale Entfernung eines Wirbelbogens.

Lanugo: Behaarung des Fetus vom vierten Schwangerschaftsmonat an

Laparoskopie → Bauchspiegelung.

Laparotomie: heutzutage nur noch seltene operative Eröffnung der Bauchhöhle zur Abklärung von Erkrankungen.

Laryngektomie → Kehlkopfentfernung

Laryngitis → Kehlkopfentzündung

Laryngoskopie → Kehlkopfspiegelung

Larynx: Kehlkopf

Larynxkarzinom → Kehlkopfkrebs

Läsion: Verletzung, Schädigung oder Störung eines Körperteils.

Lassa-Fieber: durch Ratten übertragene lebensgefährliche Virusinfektion; äußert sich u. a. durch hohes → Fieber, Hautblutungen, → Lungenentzündung.

Latenzperiode → Inkubationszeit

lateral: einseitig

Laxanzien → Abführmittel

Leber: Hepar

Leberbiopsie: Gewebeentnahme aus der Leber zur mikroskopischen Untersuchung.

Leberkarzinom: von den Zellen der Leber ausgehender bösartiger Tumor.

Leberversagen: meist im Verlauf einer → Leberzirrhose auftretende Komplikation mit schwerer Störung der Entgiftungsfunktion der Leber, durch die vor allem das Gehirn geschädigt werden kann.

Leberzirrhose: Umbau der Leberstruktur durch Knötchen- und Narbenbildung, der zu mangelnder Blutversorgung und Leistungsverlust der Leber führt; oft infolge starken Alkoholkonsums, aber u. a. auch durch → Hepatitis.

Lederhaut des Auges: Sklera

Leerdarm (Jejunum): etwa zwei bis drei Meter langer Darmabschnitt im mittleren Bereich des Dünndarms.

Legionärskrankheit: Form der → Lungenentzündung, deren Erreger häufig in Klimaanlagen und anderen Wassersystemen vorkommen.

Leishmaniase: durch Sandmücken übertragene Erreger (Parasiten), die verschiedene Infektionskrankheiten der Haut, Schleimhaut und inneren Organe verursachen.

Leistenbruch (Inguinalhernie): Durchbruch eines Darmabschnitts durch den Leistenkanal infolge einer Muskelschwäche; häufigste, vor allem bei Männern auftretende Form eines Bruchs.

Lemming-Fieber → Tularämie

Lendenmuskel: Psoas, Musculus psoas

Lentigo: harmloser linsenförmiger, leicht erhabener Hautfleck mit einer braunen bis schwarzen Färbung.

Lens → Linse

Lepra: Aussatz; bakterielle Infektionskrankheit mit chronischem Verlauf, die zu schweren Haut- und Nervenschäden führt.

Leptospirose (Weil-Krankheit): Sumpffieber

Leukämie (»Blutkrebs«): durch eine Störung in der Reifung weißer Blutzellen verursachte bösartige Erkrankungen des Blut bildenden Systems (Knochenmark, Milz und Lymphknoten) mit akuter oder chronischer Verlaufsform.

Leukoplakie: durch Gewebeverdickung hervorgerufene weißliche Verfärbung der Schleimhaut im Mund oder am Scheideneingang.

Leukorrhoe → Scheidenausfluss

Leukozyten: weiße Blutkörperchen; wichtig für die Infektabwehr.

LH → luteinisierendes Hormon

Libido: insbesondere durch den Geschlechtstrieb erzeugte psychische Energie.

Lichenifikation: Vergröberung und Verdickung der Haut wegen fortwährenden Kratzens zur Linderung von → Juckreiz.

Lidfalte: Epikanthus

Lidkrampf (Blepharospasmus): unwillkürliches Zusammenziehen eines Muskels am Augenlid.

Ligament: festes, sehnenähnliches Band, verbindet gegeneinander bewegliche Teile des Körpers, z. B. Gelenke.

Ligamentum cruciatum: Kreuzband (vorderes und hinteres) im Knie.

Ligamentum vocale: Stimmband

limbisches System: Bereich zwischen Hirnstamm und Großhirn zur Regulation vieler Lebensfunktionen.

Lingua: Zunge

Linse (Lens): glasklarer gewölbter vorderer Teil des Augenkörpers.

Lipom: gutartige »Fettgeschwulst«

Liposarkom: bösartige Geschwulst aus fettgewebeähnlichen Zellen.

Lippe: Labrium oris

Lippenherpes (Herpes labialis): juckende, mit Flüssigkeit gefüllte Hautbläschen am Mund, die durch das Herpes-Simplex-Virus Typ 1 hervorgerufen werden.

Lippen-Kiefer-Gaumen-Spalte (Palatognathocheiloschisis, Wolfsrachen): angeborene Spaltung des Oberkiefers, im Extremfall von Nase bis Gaumen.

Lippenspalte (Hasenscharte): angeborene Spaltung der Oberlippe; geht oft mit einer → Lippen-Kiefer-Gaumen-Spalte einher.

Liquor cerebrospinalis: Gehirn-Rückenmark-Flüssigkeit

Lispeln: Sigmantismus

Listeriose: auf den Menschen durch tierische Nahrung von Rindern, Schweinen und Geflügel übertragbare bakterielle Infektion; äußert sich u. a. durch → Bindehautentzündung, → Fieber, → Durchfall.

Lithotomie: Steinschnitt

Lithotripsie → Steinzertrümmerung

Lochien → Wochenfluss

Löffelnägel (Eierschalennägel, Hohlnägel; Koilonychie): flache, brüchige Nägel, die sich im hinausragenden Teil nach innen biegen.

Logopädie → Sprachtherapie

Logotherapie → Sprachtherapie

Lokalanästhesie: auf eine bestimmte Körperregion beschränkte

Betäubung bei Operationen, Untersuchungen oder Behandlungen.

Lordose: oft infolge Haltungsfehler auftretende, das normale Maß überschreitende, nach vorn gewölbte Krümmung der Wirbelsäule.

Luftröhre: Trachea

Luftröhrenschnitt (Tracheo(s)tomie): lebensrettender Notfalleingriff bei einer mechanischen Blockierung der Atemwege.

Lumbago → Hexenschuss

Lumbago-Ischias-Syndrom → Ischiassyndrom

lumbal: die Lenden betreffend oder zu den Lenden gehörend.

Lumbalpunktion: zur → Injektion von Medikamenten, auch zur Entnahme von Gehirn-Rückenmark-Flüssigkeit in den Rückenmarkkanal eingeführte Hohlnadel.

Lumen: lichte Weite eines röhrenförmigen Hohlorgans.

Lunge: Pulmo

Lungenalveole (Alveolus pulmonalis): Lungenbläschen

Lungenembolie: durch ein Blutgerinnsel verursachter, oft lebensgefährlicher Verschluss einer Lungenarterie oder ihrer Äste.

Lungenentzündung (Pneumonie): oft infolge einer ernsten Erkrankung auftretende, durch eine Infektion hervorgerufene lebensbedrohende Entzündung eines Teils oder der ganzen Lunge.

Lungenfibrose (Pulmosklerose): Vernarbung und Verdickung des Lungengewebes, oft als Folge einer → Lungenentzündung.

Lungenhochdruck (pulmonale Hypertonie): zu hoher Blutdruck in den Lungenarterien; wird durch einen erhöhten Blutströmungswiderstand in der Lunge verursacht.

Lungenkollaps (Pneu, Pneumothorax): Zusammenfallen eines Lungenflügels durch Luftansammlung im Brustfellraum.

Lungenkrebs: meist von der Bronchialschleimhaut ausgehender bösartiger Tumor, der in den meisten Fällen durch Rauchen (auch passives) verursacht wird.

Lungenödem: durch Übertritt von Flüssigkeit aus den Kapillaren in die Luftwege entstehende Flüssigkeitsansammlung; äußert sich u. a. durch massive Atemnot und blutigschaumigen → Auswurf.

Lupus erythematodes: → Autoimmunkrankheit; entzündliche Gewebeentzündung, die oft zu bleibenden Hautveränderungen führt; greift unter Umständen auch auf innere Organe über.

luteinisierendes Hormon (LH): löst den Eisprung aus und regt den

Gelbkörper zur Bildung von → Östrogen und → Progesteron an.

Luxation → Verrenkung

luxurians: wuchernd

LWS: Lendenwirbelsäule

Lyme-Krankheit (Borreliose): durch Zeckenbiss übertragene Infektion mit schweren Späterscheinungen, z. B. Gelenk- und Herzmuskelentzündung.

Lymphadenitis → Lymphknotenentzündung

Lymphangiografie: Röntgenkontrastdarstellung der Lymphgefäße.

Lymphangiom: gutartige Geschwulst eines Lymphgefäßes.

Lymphangitis: Entzündung der Lymphbahnen mit sichtbaren roten Streifen (→ Blutvergiftung).

lymphatisches System: Sammelbegriff für alle Lymphorgane und -gefäße im Körper, die Funktionen im Immunsystem haben.

Lymphdrainage: physikalisches Behandlungsverfahren mittels spezieller Handgriffe zur Beschleunigung der Flüssigkeitsströmung in den Lymphgefäßen.

Lymphdrüse: Lymphknoten

Lymphe: Lymphflüssigkeit

Lymphknoten: Nodus lymphaticus

Lymphknotenentzündung (Adenitis; Lymphadenitis): geschwollene weiche Lymphknoten im Nacken, z. B. als Begleiterscheinung einer → Mandelentzündung oder in der Bauchgegend infolge einer Virusinfektion.

Das lymphatische System

Als Teil des Immunsystems spielt das lymphatische System eine bedeutende Rolle bei der Abwehr von Krankheitserregern und gegen Krebs. Die Lymphflüssigkeit (Lymphe), die die weißen Blutzellen (Lymphozyten), Proteine und Fette enthält, umspült in den Lymphgefäßen und in Spalten des Gewebes in kleinsten Mengen jeden kleinen Zellkomplex eines Organs oder Gewebes und ist dabei für den Austausch der Stoffe zwischen den Zellen mitverantwortlich. Eingebettet in das System und über den ganzen Körper verteilt sind die Lymphknoten, die meist in Gruppen angeordnet sind. In ihnen werden die Lymphozyten gebildet, und sie dienen als »Filterstation« gegen Krankheitserreger. Sie bilden mit den in ihnen enthaltenen Makrophagen, den »Riesenzellen« des Immunsystems, eine wirksame Abwehr gegen Krankheitserreger.

Lymphödem: Flüssigkeitseinlagerung im Gewebe aufgrund einer Lymphabflussstörung.

Lymphom: gut- oder bösartige Lymphknotenvergrößerung.

Lymphozyten: Unterart der weißen Blutkörperchen, die im Lymphsystem gebildet werden und eine wichtige Rolle im → Immunsystem spielen.

Lyse: Auflösung; z. B. von Zellen

Lysozym: Bakterien abtötendes Enzym in Tränen, Speichel, Schweiß, Nasenschleim und Muttermilch.

Lyssa → Tollwut

M

Macula: **1.** Haut: Fleck; **2.** Auge: gelber Fleck der Netzhaut.

Magen (Ventriculus; Gaster): im Oberbauch liegendes sackartiges Verdauungsorgan, das die aufgenommene Nahrung in Speisebrei umwandelt und vorverdaut.

Magen, röntgenologische Darstellung → Barium-Röntgenkontrastuntersuchung

Magenbeschwerden: Sammelbegriff für alle Erkrankungen und Unpässlichkeiten, die die Funktion des Magens innerhalb des Verdauungssystems beeinträchtigen.

Magengeschwür (Ulcus ventriculi): Schädigung der Magenschleimhaut durch Magensäure oder andere Verdauungssäfte.

Magen-Darm-Trakt (Gastrointestinaltrakt, Verdauungstrakt): Verdauungskanal vom Magen bis zum After, im weiteren Sinn auch Mund und Speiseröhre.

Magenkrebs (Carcinoma ventriculi): bösartige Geschwulst des Magens.

Magenschleimhautentzündung → Gastritis

Magenspiegelung (Gastroskopie): direkte Untersuchung der Magenschleimhaut mittels eines Sichtinstruments, das an einem flexiblen Schlauch über die Speiseröhre eingeführt wird.

Magnesium: Mineralstoff vor allem in den Knochen.

Magnetic resonance imgaging → Kernspintomografie

Makuladegeneration: allmählicher Verlust der Sehfähigkeit im Zentrum des Gesichtsfelds infolge einer Netzhauterkrankung.

Malabsorption: Störung der Aufnahme von Vitaminen, Mineralien und Nährstoffen vom Darm ins Blut.

Malaria (Falciparum-Malaria): von der Mücke Anopheles übertragene fieberhafte Infektionskrankheit mit oft schweren Komplikationen, von denen Nieren, Leber, Gehirn und Blut (Schwarzwasserfieber) betroffen sein können.

Maldigestion: Verdauungsstörung

Mallory-Weiss-Syndrom: Riss im unteren Bereich der Speiseröhre, der blutiges → Erbrechen verursacht; meist hervorgerufen durch starkes Würgen und Erbrechen, besonders bei Alkoholkranken.

Maltafieber → Bruzellose

Mamma: Brust

Mammaamputation → Brustentfernung

Mammakarzinom → Brustkrebs

Mammatumor → Brustgeschwulst

Mammografie: sicherste Methode zur Früherkennung von Brustkrebs mittels spezieller Röntgengeräte mit Weichstrahltechnik.

Mandel (Tonsille): Lymphknoten in Rachen und Gaumen zum Schutz gegen das Eindringen von Erregern.

Mandelentzündung (Tonsillitis; Angina tonsillaris): meist durch → Streptokokken verursachte infektiöse Entzündung der Rachenmandeln.

Mandibula: Unterkiefer

Mangan: Spurenelement im Organismus als Bestandteil von diversen → Enzymen.

manisch-depressive Erkrankung: periodisch auftretende psychische Störung mit extrem großen Stimmungsschwankungen zwischen Depression und Selbstüberschätzung.

Manometrie: Messung des Drucks von Gas oder Flüssigkeit mit einem Manometer.

Manus: Hand

Marasmus: allgemeiner Kräfteverfall infolge schwerer Mangelernährung.

Marfan-Syndrom: angeborene Erkrankung des → Bindegewebes unbekannter Ursache, die Veränderungen des Skeletts, des Herzes und der Augen hervorruft.

Marschfraktur → Ermüdungsbruch

Masern (Morbilli): Virusinfektion, an der vorwiegend Kinder erkranken; äußert sich u. a. durch rötlichen → Ausschlag zunächst an den Schleimhäuten (Koplik-Flecken), später am ganzen Körper; kann mit schwer wiegenden Komplikationen einhergehen, z. B. → Gehirnentzündung.

Mastdarm: Rektum

Mastdarmkrebs (Rektumkarzinom): bösartige Geschwulst des Mastdarms.

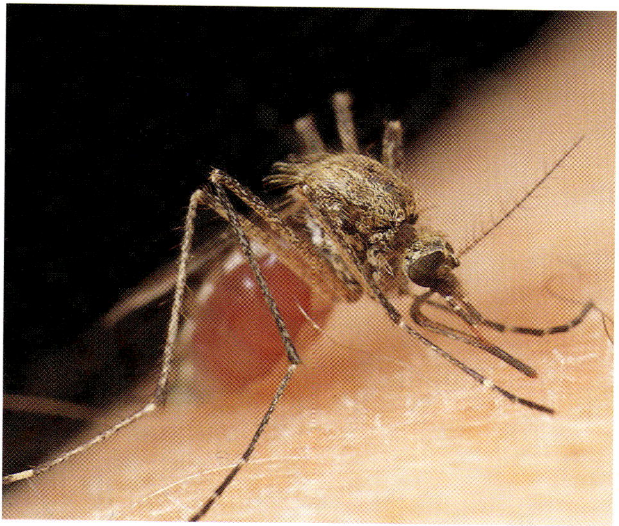

Eine Malariamücke sticht zu – trotz Prophylaxetabletten und Vorsorgemethoden immer noch der Alptraum eines jeden Reisefans.

Mastdarmvorfall (Rektumprolaps): Ausstülpung der Afterhaut; z. B. infolge chronischer Verstopfung oder Pressen beim Stuhlgang.

Mastektomie → Brustentfernung

Mastitis → Brustdrüsenentzündung

Mastoid → Warzenfortsatz

Mastoiditis: Entzündung der Schleimhäute des Warzenfortsatzes, des Schläfenbeins hinter dem Ohr.

Maxilla: Oberkiefer

Mazeration: Auflösung organischer Bestandteile eines Knochenpräparats.

Meatus: Gang, Kanal

Medianus: Nervus medianus

Medianuskompressionssyndrom → Karpaltunnelsyndrom

Mediastinum → Mittelfellraum

Medulla oblongata → verlängertes Rückenmark

Medulla ossium: Knochenmark

Medulla spinalis: Rückenmark

Megakolon: krankhaft stark gedehnter Teil des Dickdarms (Grimmdarm); äußert sich u. a. durch chronische Verstopfung.

Mekonium (Kindspech): schwarzgrüner klebriger, dickflüssiger Stuhl von Neugeborenen in den ersten zwei Tagen nach der Geburt.

Melaena → Teerstuhl

Melanin: braunschwarzes Pigment, das in der Haut bei Sonneneinwirkung gebildet wird und vor Hautschäden schützt.

Melanom, malignes: schwarzer Hautkrebs, bösartiger Tumor.

Membran: dünne Haut meist als Grenzfläche von Organen und Zellen.

Membrana synovialis: Gelenkinnenhaut

Membrana tympani: Trommelfell

Menarche: Einsetzen der → Menstruation

Mendel-Mantoux-Probe → Tuberkulintest

Ménière-Krankheit: anfallsweise auftretende Erkrankung des Innenohrs, die mit Drehschwindel, Ohrensausen, Schwerhörigkeit, Erbrechen und Augenzittern einhergeht.

Meningen: Hirnhäute

Meningiom(a): Geschwulst der Hirnhaut

Meningitis → Hirnhautentzündung

Meningomyelozele → Spina bifida

Meniscus articularis → Meniskus

Meniskektomie: operative Entfernung des gesamten Meniskus oder Teile davon aus dem Knie.

Meniskus (Meniscus articularis): halbmondförmige Scheiben aus Faserknorpel in bestimmten Gelenken zur Verteilung des Gelenkdrucks.

Menopause: Zeitpunkt der letzten Monatsblutung während der Wechseljahre (Klimakterium).

Menopausensyndrom → Wechseljahrebeschwerden

Menorrhagie: übermäßig starke und lange Menstruationsblutung, oft infolge von Hormonstörungen.

Menotropin: aus menschlichem Gonadotropin hergestelltes Hormon zur Stimulierung der Zellaktivität in Eierstöcken und Hoden.

Menstruation (Monats-, Regelblutung, Periode): periodisch auftretende Blutung aus der Gebärmutter durch die Scheide nach außen als Teil des Menstruationszyklus.

Mesencephalon: Mittelhirn

Mesenterium: Verbindung des Dünndarms mit der hinteren Bauchwand (Dünndarmgekröse).

Metabolismus: Stoffwechsel

Metakarpalia: Mittelhandknochen, Ossa metacarpi

Metaplasie: Gewebeumwandlung in eine andere nahe verwandte Art.

Metastase (Tochtergeschwulst): bösartiger Tumor, der von einem Primärkrebs ausgeht und auf andere Körperteile übergreift.

Metatarsalia: Mittelfußknochen, Ossa metatarsi

Metatarsophalangealgelenk: Zehengrundgelenk

Miasma: krankheitserregender Stoff in der Atmosphäre oder in den Ausdünstungen des Bodens.

Midriasis → Pupillenerweiterung

Migräne: anfallsweise auftretende, heftige Kopfschmerzen mit Sehstörungen, Lichtempfindlichkeit, Übelkeit und/oder Erbrechen; dauert zwischen einigen Stunden und mehreren Tagen.

Mikroangiopathie: krankhafte Veränderung der kleinen Blutgefäße; tritt oft als Symptom z. B. von → Diabetes mellitus an den Nieren oder der Netzhaut auf.

Miktion: Blasenentleerung

Milben: winzige Spinnentiere, die verschiedene Krankheiten übertragen können.

Milchfluss (Galaktorrhoe): Milchproduktion der weiblichen Brust außerhalb der Stillzeit (auch der männlichen Brust), oft ohne erkennbare Ursache.

Milchproduktion → Laktation

Milchschorf → Neurodermitis

Milchstau(ung): oft in den ersten Tagen nach der Geburt auftretende Überfüllung der Brust.

Milchzucker: Laktose

Milchzuckerunverträglichkeit: infolge eines Mangels an Milchzucker spaltendem Enzym Laktase.

Miliaria: Miliaria rubra, Hitzepickel

Milien (Hautgrieß): stecknadelgroße weiße harte harmlose Hautknötchen, die meist im Gesicht auftreten.

Milz: Lien, Splen

Milzbrand (Anthrax): von Tieren auf den Menschen übertragbare bakterielle Infektion; äußert sich u. a. durch Blasenbildung auf der Haut, eventuell auf der Lunge.

Milzentfernung, operative (Milzexstirpation, Splenektomie): erfolgt bei Verletzung der Milz mit starken Blutungen.

Mineralisation, dentale (Kalzifikation): Ablagerung z. B. von Kalziumkristallen in den Zähnen.

Minilaparotomie → Sterilisierung der Frau

Miosis → Pupillenverengung

Mitella: Tragetuch für den Arm

Mitesser: Komedo

Mitose: Art der Zellkernteilung, bei der der vollständige Chromosomensatz erhalten bleibt.

Mitralklappe: klappenförmiges Schleimhautgebilde zwischen linkem Vorhof und linker Herzkammer.

Mittelfellraum (Mediastinum): Raum zwischen den beiden Lungenflügeln, in dem zahlreiche lebensnotwendige Organe und Gefäße liegen.

Mittelfußknochen: Metatarsalia, Ossa metatarsi

Mittelhandknochen: Metakarpalia, Ossa metacarpi

Mittelhirn: Mesencephalon

Mittelohrentzündung (Otitis media): Entzündung der Paukenhöhle; oft verursacht durch die Ausbreitung einer Virus- oder bakteriellen Infektion der oberen Atemwege.

MMR-Impfung → Dreifachimpfung

Molluscum contagiosum Bateman: Virusinfektion mit zahlreichen kleinen Knötchen am Körper.

Monatsblutung → Menstruation

Mongolenfleck: blauschwarzer Pigmentfleck bei Neugeborenen.

Mongolismus → Down-Syndrom

Moniliasis → Hefepilzerkrankung

Monoaminoxidase-Hemmer (MAO-Hemmer): Medikamente zur Linderung von Depressionen; steigern Appetit und Aktivität.

Monoarthritis: Entzündung nur eines Gelenks.

Mononucleose, infektiöse → Drüsenfieber

Monosomie X → Turner-Syndrom

Montezumas Rache → Reisediarrhoe

Morbidität: **1.** zahlenmäßiges Verhältnis zwischen Gesunden und Kranken in der Bevölkerung; **2.** Entstehung, Verbreitung und Behandlung einer Krankheit.

Morbilli → Masern

Morbus Hodgkin → Hodgkin-Krankheit

Morbus Raynaud → Raynaud-Krankheit

Morgenkrankheit → Schwangerschaftserbrechen

Morphin: sehr stark wirkendes Schmerzmittel (Analgetikum), das aus Schlafmohn gewonnen wird.

Mors subita infantum → Kindstod, plötzlicher

Mortalität: Zahl der Verstorbenen im Verhältnis zur Gesamtbevölkerungszahl.

Motorik: Gesamtheit der willkürlichen Muskelbewegungen.

Mouches volantes → Mückensehen

MRT → Kernspintomografie

Mucopolysaccharidosen → Enzymmangelkrankheit

Mucus: Schleim

Mückensehen (Mouches volantes): schattenhafte Abbildung kleinster Strukturen im Glaskörper auf der Netzhaut, die das Sehvermögen nicht beeinträchtigen.

Müdigkeit: Erschöpfung

Mukosa: Schleimhaut, Tunica mucosa

Mukoviszidose (Fibrose, zystische): vererbte schwere chronische Störung aller Schleim absondernden Drüsen mit Zystenbildung an den befallenen Organen; z. B. führt die Absonderung von zähem Bronchialschleim zu chronischen Lungeninfektionen.

Mukozele → Schleimzyste

multiple Sklerose (MS): → Autoimmunkrankheit; langsam fortschreitende Erkrankung des Gehirns und des Rückenmarks, in deren Verlauf es zum Zerfall der Hüllschicht von Nervenfasern (Myelin) kommt; äußert sich zunächst z. B. durch Empfindungsstörungen, Kribbeln und Taubheitsgefühle, später eventuell durch dauerhafte Lähmungen und Inkontinenz.

Mumps (Parotitis epidemica): durch ein Virus hervorgerufene Kinderkrankheit; äußert sich u. a. durch eine Entzündung der Ohrspeicheldrüse mit schmerzhaften Schwellungen.

Mund: Orificum, Ostium, Stoma

Mundfäule → Mundschleimhautentzündung

Mundgeruch (Halitosis): häufig durch den Verzehr von bestimmten Nahrungsmitteln oder durch mangelnde Mundhygiene verursacht; eventuell Hinweis auf Erkrankung.

Mundschleimhautentzündung (Stomatitis, Mundfäule): alle Arten der Entzündung von Schleimhäuten im oder am Mund.

Mundsoor: im Mund auftretende Infektion durch den Pilz Candida albicans.

Mundtrockenheit (Xerostomie): ungenügende Funktion der Speicheldrüsen.

Musculus psoas: Psoas, Lendenmuskel

Muskelatrophie (Amyotrophie): fortschreitender Schwund eines oder mehrerer Muskeln durch Inaktivität oder krankhafte Veränderungen.

Muskeldystrophie: erbliche Muskelerkrankung unbekannter Ursache mit fortschreitender Schwäche, wobei die Muskelfasern durch Fett ersetzt werden.

Muskelkater: vorübergehende Muskelschmerzen, die durch Überanstrengung verursacht werden.

Muskelkrampf: plötzlich und willkürlich auftretende schmerzhafte Muskelkontraktion.

Muskelschmerzen: Myalgie

Muskelzerrung: Dehnung oder Riss eines Muskelfaserbündels infolge von abruptem und zu starkem Zug.

mutagen: Erbmutationen auslösende Strahlung oder chemische Stoffe.

Mutation: Veränderung der Erbinformation in der DNS der Zelle.

Mutismus: Stummheit

Mutterkuchen → Plazenta

Myalgie: Muskelschmerzen

Myasthenia gravis: → Autoimmunerkrankung unbekannter Ursache; äußert sich durch Muskelschwäche und -ermüdung vor allem des Halses, der Augen und Gliedmaßen.

Mydriasis: oft durch Erregung, Arzneimittel- oder Alkoholkonsum auftretende Erweiterung der Pupillen auch bei Helligkeit.

Myektomie: operative Entfernung eines Muskels.

Myelin: Stoff der Schutzhüllen von Nervenfasern.

Myelografie: Röntgenkontrastdarstellung des Wirbelkanals.

Myelozele → Spina bifida

Mykoplasmen: neben den → Viren kleinste Mikroorganismen, die Krankheiten verursachen können.

Myogelose: Knötchen und Verhärtungen in der Muskulatur infolge einer Muskelerkrankung.

Myoglobin: Sauerstoff übertragender roter Farbstoff in der Muskulatur.

Myokardinfarkt → Herzinfarkt

Myokarditis → Herzmuskelentzündung

Myom: gutartige Geschwulst des Muskelgewebes, vor allem der glatten Muskulatur des Darms, der Gebärmutter oder des Magens.

Myopathie: alle Muskelerkrankungen, die nicht von einer Erkrankung des Nervensystems verursacht sind.

Myopie → Kurzsichtigkeit

Myositis: Entzündung eines Muskels oder einer Muskelgruppe.

Myringitis → Trommelfellentzündung

Myringoplastik: Trommelfellersatz

Myringotomie → Trommelfellschnitt

Myxödem: durch Unterfunktion der Schilddrüse verursachte Er-

Infektionserreger Mykoplasmen

Neueste Forschungen haben gezeigt, dass die bei Rindern, Schafen und Geflügel Erkrankungen der Atemwege verursachenden bakterienähnlichen Erreger auch für den Menschen nicht so harmlos sind, wie lange angenommen. So wurde bei atypischen Lungenentzündungen des Menschen das Mycoplasma pneumoniae gefunden. Diese Erkrankung geht u. a. mit Fieber, Müdigkeit und Husten einher und erstreckt sich oft über mehrere Wochen.

krankung, bei der die Haut durch Einlagerung von schleimartigen Substanzen gröber wirkt.

Myzetismus: Pilzvergiftung durch Inhaltsstoffe von Großpilzen; nicht selten tödlich.

N

Nabel: Umbilicus

Nabel(schnur)bruch: Geburtsfehler, bei der sich Eingeweideteile im Nabel durch die Bauchdecke wölben.

Nachgeburt: Sammelbegriff für Mutterkuchen (Plazenta), Nabelschnur und Eihäute, die nach der Geburt durch den Geburtskanal ausgestoßen werden.

Nachtblindheit: stark verminderte Sehkraft bei schwachem Licht und/oder bei Hell-Dunkel-Übergang.

Naevus Unna → Storchenbiss

Nagel: Unguis

Nagelbettentzündung: oft durch Verletzung verursachte schmerzhafte Pilz- oder bakterielle Infektion.

Nagerpest → Tularämie

Narbe: Cicatrix

Narkose: Betäubungszustand des Organismus durch die Zufuhr von Medikamenten; das Schmerzempfinden ist ausgeschaltet.

nasale Kongestion → Schnupfen

Nasenbluten (Epistaxis): oft durch Gewalteinwirkung verursachte, meist einseitig auftretende Blutung aus den Nasenschleimhäuten.

Nasennebenhöhlen (Sinus paranasales): Stirn-, Kiefer-, Keilbeinhöhlen und Siebbeinzellen; luftgefüllte, mit Schleimhaut ausgekleidete Räume, die mit der Nasenhöhle verbunden sind.

Nasennebenhöhlenentzündung: Sinusitis

Nasen-Rachen-Raum: Epipharynx; Nasopharynx; Pars nasalis pharyngis

Nasenscheidewand: Septum nasi

Nasenschleimhautentzündung → Schnupfen

Nasopharynx: Nasen-Rachen-Raum

Natrium: für die Regulierung des Flüssigkeitshaushalts wichtiges Mineral.

Natriumsulfat → Glaubersalz

Nausea → Brechreiz

Nävus: oft angeborene, meist harmlose Flecken der Haut mit unterschiedlichem Erscheinungsbild.

Nebenhoden: Epididymis

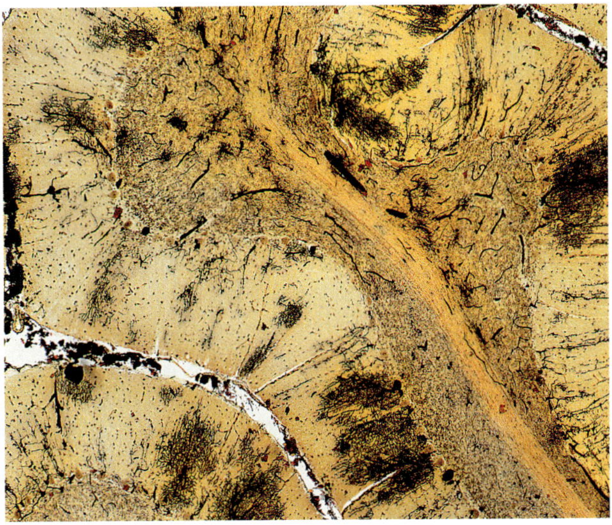

So sehen die vielleicht am meisten belasteten Zellen im modernen High-Tech-Zeitalter in Mikroaufnahme aus: die Nervenzellen.

Nebenhodenentzündung: Epididymitis; Epididymoorchitis

Nebennieren: Glandulae suprarenales; bilden Hormone.

Nebenniereninsuffizienz → Addison-Krankheit

Nebenschilddrüsen: Epithelkörperchen, Glandulae parathyroideae; vier linsengroße Drüsen der Schilddrüse anliegend.

Nebenschilddrüsenüberfunktion (Hyperparathyreoidismus): verusacht einen überhöhten Kalziumspiegel im Blut durch Entzug aus den Knochen.

Nebenschilddrüsenunterfunktion (Hypoparathyreoidismus): verminderte Produktion von Parathormon durch die Nebenschilddrüsen; äußert sich durch einen zu niedrigen Kalziumspiegel im Blut.

Nebenwirkung: nicht erwünschte Wirkung eines Medikaments neben der erwünschten Hauptwirkung.

Nekrose: Absterben der Zellen von Geweben oder Organen in eingegrenzten Bereichen des Körpers.

Nematizide: Mittel gegen Würmer

Neonat → Neugeborenes

Neonatologie: Gesundheitsfürsorge für das Neugeborene.

Neoplasie: Bildung von Tumoren durch anomale Zellvermehrung.

Neoplasma: Tumor

Nephrektomie: operative Entfernung der Niere.

Nephritis: Entzündung der Nieren, verursacht durch Infektion, Stoffwechselerkrankung oder anomale Reaktion des Immunsystems.

Nephroblastom: Nierenkrebs

Nephrokalzinose: Ablagerung von Kalziumkristallen in den Nierenkanälchen und im Nierenzwischengewebe.

Nephron: Hauptteil der Nieren, wo das Blut gefiltert und die Abfallprodukte ausgeschieden werden.

Nephropathie: Sammelbegriff für alle Erkrankungen oder Schädigungen der Nieren.

Nephros: Niere, Ren

Nephrose (nephrotisches Syndrom): Gruppe von Symptomen und Beschwerden, die durch eine Schädigung der Filterfunktion der Nieren verursacht werden.

nephrotisches Syndrom → Nephrose

Neuropathie → Nervenleiden

Nerv: Nervus

Nervenentzündung: Neuritis

Nervenschmerzen → Neuralgie

Nervenleiden (Neuropathie): Nervenkrankheit, vor allem Erkrankung oder Schädigung der peripheren Nerven, die das Zentralnervensystem mit Organen, Muskeln und anderen Bereichen des Körpers verbindet.

Nervenstimulation, transkutane elektrische → TENS

Nervensystem (Systema nervosum): Gesamtheit aller Nervenzellen und -bahnen, die für Steuerung und Koordinierung der Körperfunktionen und Organe zuständig sind; Einteilung in peripheres und zentrales Nervensystem.

Nervi spinales: Rückenmarknerven

Nervus ischiadicus: Ischiasnerv

Nervus olfactorius → Riechnerv

Nervus opticus: Sehnerv

Netzhaut: Retina

Netzhautablösung (Ablatio retinae): mit einer erheblichen Störung des Sehvermögens einhergehende meist teilweise Ablösung der Netzhaut von der Augapfelinnenseite.

Netzhautblutung (Apoplexia retinalis): Blutungen aus kleinsten Gefäßen in die Netzhaut.

Netzhautentzündung (Retinitis): mit Sehstörungen (Trübung, Flimmern) einhergehende Erkrankung.

Netzhautriss: meist durch Verletzung verursachter kleiner Riss.

Nesselsucht (Nesselfieber, Urtikaria): meist allergische Erkrankung mit Hautausschlag in Form von juckenden Quaddeln unterschiedlichster Größe und Verbreitung.

Neugeborenes (Neonat): Säugling bei der Geburt bzw. der weniger als einen Monat alt ist.

Neugeborenengelbsucht (Icterus neonatorum): auffällige gelbe Färbung der Haut und der Lederhaut der Augen beim Neugeborenen wegen eines erhöhten → Bilirubinspiegels.

Neuralgie: Reizung oder Schädigung eines Nervs, die mit oft starken, anfallsweise auftretenden Schmerzen verbunden sind.

Neuraltherapie: oft äußerst erfolgreich praktizierte Therapie, bei der ein entferntes Leiden durch die Behandlung an der ursächlichen Stelle oft sekundenschnell (»Sekundenphänomen«) geheilt wird.

Neuritis: Nervenentzündung

Neuroblastom: aus nicht ausgereiften Nervenzellen (Neuroblasten) hervorgehender Tumor

Neurochirurgie: operative Therapie von Gehirn, Rückenmark und anderen Teilen des Nervensystems.

Neurodermitis (atopisches oder endogenes Ekzem): in Schüben auftretende Hautveränderungen mit stark juckenden Papeln vor allem an Ellenbeugen und Kniekehlen.

Neuroendokrinologie: Lehre der Wechselwirkungen zwischen Nervensystem und endokrinem System.

Neurofibromatose → v. Recklinghausen-Krankheit

Neurologie: Lehre von Nerven und Gehirn.

Neurom: Geschwulst, von einer Nervenzelle ausgehend.

Neuron: Nervenzelle

Neuropathie → Nervenleiden

Neurose: psychische Störungen; äußert sich u. a. durch die Unfähigkeit, bestimmte Erlebnisse normal zu verarbeiten, wodurch der Betroffene künftigen ähnlichen Erfahrungen mit zwanghaften, anomalen Verhaltensweisen begegnet.

Neurotoxin: Nervengift

Neurotransmitter: Substanzen, die an den Nervenenden freigesetzt werden und Impulse zwischen den Nerven- oder Muskelzellen übertragen.

Niazin: Vitamin B3; wichtig für den Kohlenhydrat- und Fettstoffwechsel.

Nidation: Einnistung des befruchteten Eis in die Gebärmutterschleimhaut.

Niere: Nephros, Ren

Nierenbeckenentzündung (Pyelonephritis): akute, oft beidseitige eitrige Infektion des Nierenbeckens und angrenzenden Nierengewebes.

Nierenentfernung, operative → Nephrektomie

Niereninsuffizienz → Nierenversagen

Nierenkolik: meist von einem → Nierenstein verursachte starke, krampfartige Schmerzen auf einer Seite der Wirbelsäule.

Nierenstein → Harnstein

Nierentransplantation: operativer Austausch einer schwer geschädigten Niere gegen die gesunde Niere eines Spenders.

Nierenversagen (Niereninsuffizienz): chronische oder akut verlaufende Einschränkung bis hin zur Einstellung der Nierenfunktionen.

Nierenzyste: tastbare Vergrößerung der Niere, die durch einen mit Flüssigkeit gefüllten Hohlraum in der Niere verursacht wird.

NMR → Kernspintomografie

Nodus lymphaticus: Lymphknoten

Non-Hodgkin-Lymphom (Retikulosarkom): mit Ausnahme des → Hodgkin-Syndroms alle bösartigen Vergrößerungen des Lymphgewebes, vor allem in Lymphknoten und Milz.

Noradrenalin: Hormon des Nebennierenmarks, hält den Blutdruck aufrecht.

Nucleus-pulposus-Prolaps → Bandscheibenvorfall

Nuklearmedizin: Verwendung radioaktiver Substanzen für Diagnose, Therapie und medizinische Forschung.

Nukleinsäuren: als stickstoff- und phosphorhaltige Verbindungen (Eiweißkörper) auftretende Träger der Erbinformationen (→ DNS).

Nykturie: vermehrter Drang des Wasserlassens während des Schlafs.

Nymphomanie: Hypersexualität bei Frauen.

Nystagmus: meist angeborene Störung mit zitternden Bewegungen der Augäpfel.

O

O-Bein: Genu varum

Oberarmknochen: Humerus

Oberkiefer: Maxilla

Oberschenkel: Femur

Obstipation → Verstopfung

obstruktive Lungenerkrankung: Verengung der Atemwege in der Lunge als Folge einer Kombination von chronischer → Bronchitis und → Emphysem.

Oculus: Auge

Odontium: Sammelbegriff für Dentin, Schmelz und Zement, die drei Zahnhärtesubstanzen.

Ödem: Wassereinlagerung

Ösophagitis → Speiseröhrenentzündung

Ösophagus: Speiseröhre

Ösophagusdivertikel (Pharynxdivertikel, Pharynxtasche): Erweiterung bzw. sackartige stellenweise Ausstülpung der Speiseröhre.

Ösophaguskarzinom: bösartige Geschwulst der Speiseröhre.

Ösophagusstriktur → Speiseröhrenverengung

Ösophagusvarizen: häufig als Zeichen einer Lebererkrankung im unteren Bereich der Speiseröhrenwand auftretende Erweiterung der Venen (»Krampfadern«).

Östrogene: weibliche Geschlechtshormone, die in Eierstöcken und Mutterkuchen gebildet werden und die viele Geschlechtsfunktionen steuern, auch Bestandteil in oralen → Kontrazeptiva.

offenes Bein (Ulcus cruris): schlecht heilendes Unterschenkelgeschwür, das meist durch eine Venenerkrankung, aber auch durch eine infizierte Wunde, Diabetes mellitus oder durch Druckstellen bei Bettlägerigkeit verursacht wird.

Ohnmacht (Synkope): plötzliche kurze → Bewusstlosigkeit durch Sauerstoffmangel im Gehirn.

Ohr: Auris

Ohrenschmalz: Zerumen

Ohrensausen (Tinnitus aurium): störende Geräusche im Ohr bei geräuschfreier Umgebung.

Ohrenschmerzen: Otalgie

Ohrenspiegel: Otoskop, Instrument zur Untersuchung von Gehörgang und Trommelfell.

Ohrmuschel: Aurikula, Aurikel

Ohrspeicheldrüse: Glandula parotis, Parotis

Ohrtrompete (Eustachische Röhre): Verbindung zwischen → Paukenhöhle und Rachen.

Okklusion: Verschluss eines Organs, Kanals, Ausgangs oder einer Öffnung im Körper.

Okklusionsstörungen: anomale Stellung der oberen zu den unteren Zähnen, so dass nur ein mangelhafter Zusammenbiss möglich ist.

okkultes Blut (im Stuhl): mit dem bloßen Auge nicht sichtbares Blut.

Okziput: Hinterhaupt

Oligurie: anomal geringe Harnausscheidung unter 500 ml/24 Stunden.

Onkogene: körpereigene Krebsgene (Tumorgene), die von äußeren Einflüssen aktiviert werden können.

Onkologie: Lehre insbesondere von den bösartigen Geschwülsten.

Onycholysis: allmähliche Ablösung des Nagels vom Nagelbett.

Ophthalmitis: Begriff für entzündliche Prozesse am Auge.

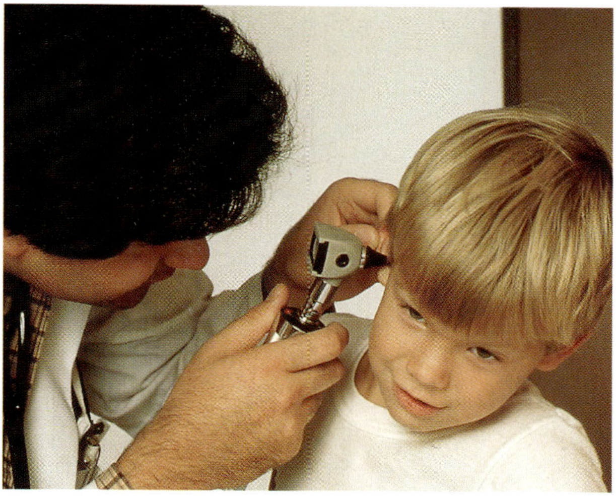

Die Mittelohrentzündung ist eine typische Kinderkrankheit.

Ophthalmologie: Augenheilkunde

Ophthalmoskop: Sichtinstrument zur Untersuchung des Augenhintergrunds.

Opiate: aus Opium gewonnene oder dem Opium chemisch gleichende Präparate.

Optikusatrophie: Schrumpfung oder Abnützung des Sehnervs.

Optikusneuritis: Entzündung des Sehnervs.

oral: den Mund betreffend.

orale Kontrazeptiva: hormonelle Verhütungsmittel in Tablettenform.

Orangenhaut → Zellulite

Orbita: Augenhöhle

Orchidektomie → Hodenentfernung, operative

Orchitis: Hodenentzündung

Orificum: Mund

Ornithose: von Vögel auf den Menschen übertragbare fiebrige, grippeähnliche Erkrankung.

Orthopädie: Lehre vom Haltungs- und Bewegungsapparat.

Os coccygis: Steißbein

Os hyoideum: Zungenbein

Osmose: lebenswichtiger Prozess im Organismus; Übergang des Lösungsmittels einer Lösung in eine stärker konzentrierte Lösung durch eine halb durchlässige Membran.

Os sacrum: Sakrum, Kreuzbein

Ossa metacarpi: Mittelhandknochen

Ossa metatarsi: Mittelfußknochen

Ossiculum: Knöchelchen

Ossifikation → Verknöcherung

Os sphenoidale: Keilbein, Knochen der Schädelbasis

osteogenes Sarkom → Osteosarkom

Osteomalazie: Abnahme der Knochenhärte und -festigkeit (»Knochenerweichung«).

Osteomyelitis: Knochenmarkentzündung

Osteopathie: Bezeichnung für Knochenleiden bzw. Knochenerkrankung.

Osteophyt: Knochenauswuchs, meist nach entzündlichen Prozessen.

Osteoporose: meist infolge der Wechseljahre (Östrogenmangel) auftretender Schwund des festen Knochengewebes; Knochen werden porös und brüchig.

Osteosarkom: bösartige Knochengeschwulst.

Ostitis → Knochenentzündung

Ostium: Mund

Otalgie: Ohrenschmerzen

Otitis externa → Gehörgangsentzündung

Otitis media → Mittelohrentzündung

Otorhinolaryngologie: Hals-Nasen-Ohren-Heilkunde

Otoskop → Ohrenspiegel

Ovar: Eierstock

Ovarialkarzinom: bösartige Geschwulst des Eierstocks.

Ovarialzyste: mit Flüssigkeit gefüllter Hohlraum im Eierstock.

Ovariektomie: operative Entfernung eines Eierstocks.

Ovulation (Eisprung): in der Mitte des Monatszyklus stattfindende Ausstoßung der reifen Eizelle aus einem Follikel im Eierstock.

Ovum: Eizelle

P

Pädiatrie: Kinderheilkunde

Palatognathocheiloschisis → Lippen-Kiefer-Gaumen-Spalte

Palatum: Gaumen

Palpation: Untersuchung von Organen durch Abtasten von außen.

Palpebra: Augenlid

Panaritium → Fingerumlauf

Pankreas: Bauchspeicheldrüse

Pankreaskarzinom → Bauchspeicheldrüsenkrebs

Pankreatektomie → Bauchspeicheldrüsenentfernung

Pankreatitis → Bauchspeicheldrüsenentzündung

Pantothensäure: Vitamin B5, wichtig für die Gewebebildung.

Pap-Abstrich → Portiosmear

Papageienkrankheit (Psittakose): durch Vögel, vor allem Papageien, auf den Menschen übertragbare bakterielle, grippeähnliche Infektionskrankheit.

Papel → Pickel

Papille: warzenförmige Erhebung an der Oberfläche eines Organs, z. B. Brustwarze.

Papilloma venereum → Feigwarze

Paralyse → Tetraplegie

Paranoia: Wahnvorstellung, dass zufällige (negative) Ereignisse in besonderer Art mit der eigenen Person verbunden sind, z. B. Verfolgungswahn.

Paraplegie: Lähmung beider Arme oder Beine durch Verletzung von Hirn- oder Rückenmarksnerven.

Parasit: Lebewesen, das ganz oder teilweise auf Kosten anderer Organismen lebt, z. B. Läuse, Zecken.

Parästhesie (Akanthästhesie): Fehlempfindung, z. B. des Hautsinns, wie Kribbeln, pelziges Gefühl, ohne dass ein entsprechender äußerer Reiz auf die Haut ausgeübt wird.

parasympathisches Nervensystem (Parasympathikus): Bereich des → vegetativen Nervensystems; ist an der Regulation der unwillkürlichen Funktionen von Organen, Drüsen, Blutgefäßen und anderen Körpergeweben beteiligt; Gegenspieler: → sympathisches Nervensystem.

Parasympatholytika → Anticholinergika

Parathyreoidektomie: Nebenschilddrüsenentfernung

Paratyphus: dem Bauchtyphus ähnliche, aber leichter verlaufende und von anderen Erregern verursachte Infektionskrankheit des Darms.

Parazentese: Eröffnung einer Körperhöhle von außen mit einer Nadel, um Flüssigkeit abzusaugen oder Medikamente einzubringen.

Parenchym: der speziellen Funktion eines Organs dienendes Zellgewebe; Gegensatz: → Bindegewebe.

parenteral: den → Magen-Darm-Trakt umgehende Verabreichung von Medikamenten.

Parese: Erschlaffung bzw. leichte Lähmung eines Muskels oder einer Muskelgruppe.

Parkinsonkrankheit: fortschreitende Erkrankung von Nervenzellen im Gehirn (Basalganglien); äußert sich u. a. durch unkontrollierbares Muskelzittern und zunehmende Versteifung der Muskeln.

Parodontitis: oft infolge → Karies auftretende bakterielle Entzündung des Zahnfleischsaums mit der Bildung von Zahnfleischtaschen, die sich mit Zahnbelag füllen und zur Lockerung der Zähne führen.

Parodontium: Befestigungsapparat der Zähne, der Zahnwurzel und Zahnhals umgibt.

Parodontose: Schwund des Zahnhalteapparats (Zahnfleisch, Kieferknochen, später Zähne) aufgrund von nicht entzündlichen Prozessen.

Paronychie: akute oder chronische Entzündung des Nagelfalzes an den Nagelrändern durch Bakterien oder Pilze.

Parotis: Glandula parotis, Ohrspeicheldrüse

Parotitis epidemica → Mumps

Pars nasalis pharyngis: Nasen-Rachen-Raum

Partus: Geburt

Parulis → Zahnabszess

Patella: Kniescheibe

Pathologie: Lehre von der Entstehung der Krankheiten und ihren organisch-anatomischen Auswirkungen.

Pathophysiologie: Lehre von den Auswirkungen von Krankheiten auf die Organfunktionen.

Paukenhöhle des Mittelohrs: Cavitas tympani, Tympanum

Pavor nocturnus: nächtliches Aufschrecken aus dem Schlaf.

Peak-flow-Meter: Instrument zur Messung der Höchstgeschwindigkeit des Luftstroms in der Lunge beim Ausatmen.

Pedikulose: Lausbefall

Peitschenhieb-Syndrom → Schleudertrauma

Pellagra: Niazinmangel (→ Vitamin-B-Komplex) infolge einseitiger Ernährung; äußert sich u. a. durch Dematitis, → Demenz.

Pelveoperitonitis → Unterleibserkrankung, entzündliche

Pelvipathia: Unterleibsschmerzen

Pelvis: Becken

Pelviskopie → Sterilisierung der Frau

Penis: Glied

peptisches Geschwür (Ulcus pepticum): Magen- oder Zwölffingerdarmgeschwür; wunde Stelle im → Magen-Darm-Trakt, meist verursacht durch Überproduktion von Magensäure.

Perforation: Durchbruch eines Abszesses oder Geschwürs in eine Körperhöhle oder ein Organ.

Periarthritis humeroscapularis → Schultersteife

Periduralanästhesie → Epiduralanästhesie

Perikard → Herzbeutel

Perikarditis: Herzbeutelentzündung

perinatal: Zeitraum zwischen der 28. Schwangerschaftswoche und dem 10. Tag nach der Geburt.

Perinatologie: Zweig der Geburtshilfe; Untersuchung und Behandlung von Mutter und Kind während der → perinatalen Zeit.

Perineum: Damm

Periode → Menstruation

Periodotium → Wurzelhaut

Periost: Knochenhaut

Periostitis: Knochenhautentzündung

Peristaltik: Eigenbewegung von Hohlorganen zum Weitertransport ihres Inhalts.

Peritonealdialyse → Dialyse

Peritoneum: Bauchfell

Peritonitis → Bauchfellentzündung

Perkussion: Verfahren zur Untersuchung des Brustraums und des Bauchs durch Abklopfen.

perkutan: »durch die Haut«; z. B. → Injektion in die → Vene.

Perlgeschwulst (Cholesteatom): **1.** gutartige Geschwulst im Gehirn; **2.** chronische Entzündung im Mittelohr, die zur Zerstörung der angrenzenden Knochen führen kann.

Pernio: Frostbeule

perniziöse Anämie: durch Unfähigkeit des Körpers, Vitamin B12 zu resorbieren, verursachter Mangel an roten Blutkörperchen; es werden nur wenige, abnorm große rote Blutkörperchen gebildet.

Perspiratio(n) → Schwitzen

Perthes-Krankheit: Entzündung des Oberschenkelkopfs im Kindesalter, vermutlich infolge von Durchblutungsstörungen.

Pertussis → Keuchhusten

Perubalsam (Balsamum peruvianum): regt die Wundheilung (Granulationsbildung) an.

Pes cavus → Klauenfuß

Pes equinovarus → Klumpfuß

Pes planus → Plattfuß

Pest: »Schwarzer Tod«; von Nagetieren über Flöhe auf den Menschen übertragbare bakterielle schwere Infektionskrankheit: äußert sich u. a. durch schmerzhafte rötliche Schwellungen (Beulen) in der Leistengegend und dunkle Fleckenbildung auf der Haut.

PET (Positronenemissionstomografie): zur Abklärung von Erkrankungen eingesetztes dreidimensional abbildendes Verfahren zur Darstellung von Stoffwechselvorgängen in Geweben.

Petechien: punktförmige Haut- und Schleimhautblutungen aus Kapillaren.

Petit mal: kleiner epileptischer Anfall ohne Krämpfe mit kurzzeitiger Trübung des Bewusstseins.

pfeifendes Atemgeräusch → Stridor

Pfeiffersches Drüsenfieber → Drüsenfieber

Pflanzenheilkunde → Phytotherapie

Pfortaderhochdruck (portale Hypertension): häufig infolge → Leberzirrhose auftretender erhöhter Blutdruck in der Pfortader.

Phagozyt → Fresszelle

Phalangen: Zehen- oder Fingerglieder

Phantomglied(schmerz) (Stumpftäuschung): Wahrnehmung von Reizen bzw. Schmerzen im verbliebenen Stumpf, als sei das amputierte Glied noch vorhanden.

Pharmakologie: Arzneimittelkunde

Pharmakon: Arzneimittel

Pharyngitis → Rachenentzündung

Pharynx: Rachen

Pharynxdivertikel → Ösophagusdivertikel

Pharynxkarzinom: bösartige Geschwulst des Rachens.

Phenylketonurie → Guthrie-(Hemm-)Test

Pheromon: in winzigen Mengen von Tieren abgesonderter Geruchsstoff.

Phimose (Vorhautverengung): Vorhaut des Penis kann nicht über die Eichel zurückgestreift werden.

Phlebitis → Venenentzündung

Phlebografie → Venografie

Phlebotomie → Venaesectio

Phobie: irrationale Angst vor bestimmten Situationen (z. B. Flugreisen) oder Objekten (z. B. Schlangen, Spinnen).

Phoniatrie → Sprachtherapie

Photosensibilität: Lichtüberempfindlichkeit mit einer abnormen körperlichen Reaktion auf Sonnenlicht, z. B. Hautausschlag.

Phototherapie: Lichttherapie

Phthirus pubis → Schamlaus

pH-Wert: Säure- oder Alkaligehalt einer Lösung (sauer: 0,0 bis 7,0; neutral: 7,0; alkalisch: 7,0 bis 14,0).

Phyllochinon (Vitamin K): wichtig für die Bildung von Blutgerinnungsfaktoren.

Physiotherapie: Behandlung mit physikalischen Methoden oder Mitteln, z. B. Massage, Wärmetherapie.

Phytotherapie (Pflanzenheilkunde): Behandlung von Erkrankungen mit pflanzlichen Wirkstoffen.

Pickel (Pustel, Papel): bei → Akne vermehrt auftretende, ansonsten oft einzeln vorkommende kleine, eventuell eitrige Hautknötchen.

Pigmentierung: Einlagerung von Körperfarbstoff in den Hautzellen.

Pilus: Haar

Pilzbefall (Mykose): durch Pilze hervorgerufene Erkrankung.

Pityriasis rosea (Rosenflechte, Röschenflechte): → Ausschlag unbekannter Ursache mit schuppigen, rosa bis tiefroten Flecken an Rumpf und Oberarmen.

Pityriasis versicolor: Hautpilzerkrankung an Rumpf und Hals; äußert sich durch fein schuppende, gelblich bis bräunliche Flecken.

PKU-Test → Guthrie-(Hemm-)Test

Placenta praevia: abnorme Lage der → Plazenta im unteren Teil der Gebärmutter, oft direkt oberhalb des Muttermunds.

Plaque: Fettablagerungen in den Arterien, die den Blutfluss behindern und im Extremfall unmöglich machen.

Plaque dentale → Zahnbelag

Plasma: flüssiger Teil des Bluts ohne die Blutkörperchen.

Plasmaproteine: alle Eiweiße im Blutplasma mit vielfältigen Funktionen, z. B. Blutgerinnung.

Plattenepithelkarzinom: häufige Art von Hautkrebs, die sich in der oberen Hautschicht infolge häufiger starker Sonneneinstrahlung bildet.

Plattfuß (Pes planus): meist in Verbindung mit Knickfuß auftretende eingesunkene Fußsohle.

Platzangst → Agoraphobie

Plaut-Vincent-Angina (Vincent-Krankheit): schmerzhafte, mit Geschwür- und Belagbildung einhergehende bakterielle → Mandelentzündung.

Plazebo: in Aussehen und Geschmack einem echten Arzneimittel gleichendes, aber wirkungsloses Scheinmedikament.

Plazenta (Mutterkuchen): zu Beginn der Schwangerschaft in der Gebärmutter gebildetes Organ; dient dem → Fetus als Atmungs- und Ausscheidungsorgan sowie zur Nährstoffversorgung.

Pleura: Rippen-Lungen-Fell

Pleuraerguss: oft infolge einer → Lungenentzündung oder Herzversagen auftretende Flüssigkeitsansammlung im Brustfellraum; äußert sich u. a. durch Atembeschwerden.

Pleuritis → Rippenfellentzündung

Plexus: Geflecht

Plexus brachialis: Nervengeflecht am »Halsdreieck«, von dem die Armnerven ausgehen.

Plexus coeliacus → Solar plexus

PMS → prämenstruelles Syndrom

Pneu → Lungenkollaps

Pneum(on)ektomie: operative Entfernung eines Lungenflügels.

Pneumokoniose (Staublunge): durch das Einatmen von Staub verursachte Lungenkrankheit.

Pneumolith: Lungenstein; Kalkablagerung um Fremdkörper bei chronischer Lungenkrankheit.

Pneumonie → Lungenentzündung

Pneumothorax → Lungenkollaps

Pocken (Variola): hochansteckende Virusinfektion; äußert sich u. a. durch eitrige Pusteln am ganzen Körper; oft folgt eine → Lungenentzündung.

Polio(myelitis) → Kinderlähmung

Pollenallergie → Heuschnupfen

Polyarthritis: Entzündung mehrerer Gelenke

Polyarthritis, chronische (rheumatoide Arthritis): schubartig auftretende → Autoimmunkrankheit; äußert sich u.a. durch Schmerzen, Steifheit und Deformation an einem oder mehreren Gelenken.

Polydipsie: oft mit unbehandeltem → Diabetes mellitus einhergehendes ständiges Durstgefühl.

Polyp: gutartige gestielte Wucherungen an Schleimhäuten.

Polypen → adenoide Vegetationen

Polyurie: krankhafte Harnausscheidung von mehr als 2,5 Liter pro Tag, z. B. bei → Diabetes mellitus.

polyzystische Niere → Zystenniere

polyzystisches Ovar → Stein-Leventhal-Syndrom

Polyzythämie: langsam fortschreitende Krankheit, bei der die Zahl roter Blutkörperchen erhöht ist.

Pons: Brücke

portale Hypertension → Pfortaderhochdruck

Portioabstrich → Vaginalabstrich

Portioerosion: Zervixerosion

Portiokarzinom: bösartige Krebsgeschwulst am Gebärmutterhals.

Portiosmear → Vaginalabstrich

Portio vaginalis: in die Scheide ragender Teil des Gebärmutterhalses.

Positronenemissionstomografie → PET

posterior: hinten, rückwärts liegend

Postgastrektomie-Syndrom → Sturzentleerung

Potenz: **1.** Fähigkeit des Mannes, den Beischlaf auszuüben; **2.** Wirksamkeit von Arzneimitteln; **3.** Verdünnungsfaktor eines homöopathischen Medikaments.

Potenzmittel → Aphrodisiaka

Potenzstörungen (Impotenz): Unfähigkeit des Mannes, den Beischlaf auszuüben (z. B. Erektionsstörung).

Präeklampsie (Schwangerschaftsvergiftung, -toxikose, Gestose): in der zweiten Hälfte der Schwangerschaft auftretende, unter Umständen das Leben der Mutter und des Kindes bedrohende Komplikation; äußert sich u. a. durch Bluthochdruck, Flüssigkeitsansammlung im Gewebe und Eiweiß im Urin.

Praeputium: Vorhaut

präkanzerös: Zellanomalien, die unbehandelt zu Krebs führen.

prämenstruelles Syndrom (PMS): unterschiedliche Beschwerden, z. B. → Depression oder Reizbarkeit, infolge der hormonalen Veränderungen während des Monatszyklus; tritt oft einige Tage vor Beginn der → Menstruation auf.

Prämolar: Backenzahn

pränatale Diagnostik: im Lauf der Schwangerschaft durchgeführte Tests zur Erkennung von Erkrankungen bzw. Anomalien.

Präservativ → Kondom

Prävalenz: Häufigkeitsrate einer Krankheit in der Bevölkerung.

Prävention: Vorbeugung

Prellung (Kontusion): heftige Erschütterung eines Gewebes oder Organs durch Gewalteinwirkung.

Presbyakusis (Altersschwerhörigkeit): zunehmende Beeinträchtigung des Gehörsinns durch altersbedingte Veränderungen im Innenohr.

Presbyopie (Alterssichtigkeit): infolge nachlassender Flexibilität der Linse abnehmende Fähigkeit des Auges, nahe Objekte auf der Netzhaut scharf abzubilden.

Priapismus: infolge einer Blockierung des Blutrückflusses aus den Schwellkörpern auftretende, anhaltende, schmerzhafte → Erektion des Penis.

Primipara: Erstgebärende

Prione: Eiweißkörper ohne Nukleinsäuren, durch die eine Gruppe von Krankheiten verursacht wird.

Prion-Krankheiten: u. a. → Creutzfeldt-Jakob-Krankheit bzw. »Rinderwahnsinn« (→ BSE).

Proctalgia fugax: starke Schmerzen im Mastdarm ohne organische Ursache, z. B. infolge von Stress.

Prodrom: Erscheinungen, die aus individueller Erfahrung Vorzeichen einer Krankheit sind.

Progenie → Okklusionsstörungen

Progerie: vorzeitige Vergreisung

Progesteron (Gestagen, Gelbkörperhormon): weibliches Geschlechtshormon, ist maßgeblich an der Funktion der Fortpflanzungsorgane bzw. Aufrechterhaltung der Schwangerschaft beteiligt.

Prognathie: starker Überbiss durch abnormes Hervorragen des Oberkiefers bzw. der oberen Zähne.

progressiv: fortschreitend

Proktitis: Entzündung des Mastdarms, oft infolge einer chronischen

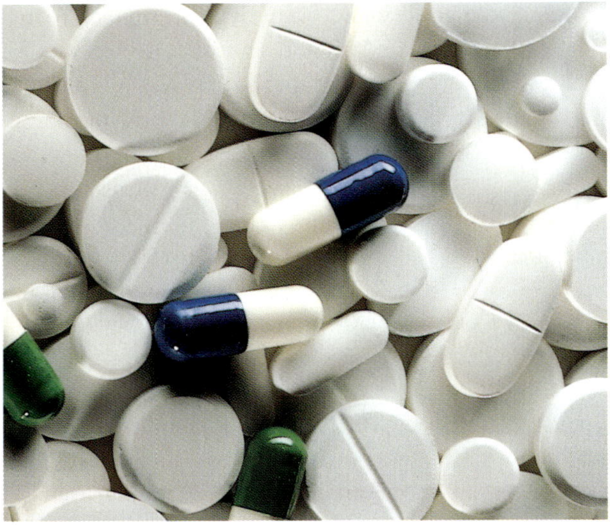

Psychopharmaka: Durch Missbrauch sind sie in die Diskussion geraten, bleiben aber nichtsdestotrotz eine der spektakulärsten Errungenschaften der modernen Pharmazie.

Entzündung des Dickdarms (→ Crohn-Krankheit).

Proktoskopie: Untersuchung des Mastdarms mit einem Proktoskop.

Proktozele → Rektozele

Prolaktin: weibliches Hormon, das die Milchproduktion während des → Stillens anregt.

Prolaktinom: durch einen gutartigen Tumor der → Hypophyse verursachte Überproduktion von → Prolaktin.

Prolaps → Vorfall

Prominentia laryngea: Adamsapfel

Pronation: Einwärtsdrehung von Händen und Füßen

Prophylaxe: Maßnahmen zur Verhütung von Krankheiten.

Prostaglandine: Bezeichnung für natürliche oder teilsynthetisch hergestellte, in fast allen Geweben vorkommende hormonähnliche Substanzen mit vielfältigen Wirkungen, z. B. Blutdrucksenkung.

Prostata (Vorsteherdrüse): sekretproduzierende, zwischen Blase und Mastdarm gelegene Drüse.

Prostatakarzinom: bösartige Geschwulst der → Prostata.

Prostatavergrößerung, gutartige (benigne Prostatahyperplasie, BPH): allmähliche Vergrößerung der → Prostata durch gutartige Wucherungen des inneren Gewebes; äußert sich u. a. durch → Harnverhaltung.

Prostatektomie: teilweise oder totale operative Entfernung der Vorsteherdrüse.

Prostatitis: Entzündung der → Prostata.

Proteine → Eiweiße

Proteinurie: Ausscheidung von Eiweiß im Urin, häufig infolge einer Nierenerkrankung.

Protozoen: einzellige Lebensform; verursachen bestimmte Infektionen.

Provitamin A → Beta-Karotin

proximal: dem Rumpf näher liegend.

Prurigo: juckende Knötchen am Körper.

Pruritus → Juckreiz

Pruritus vulvae → Vulvajuckreiz

Pseudarthrose (»falsches Gelenk«): Scheingelenk, das durch Ausbleiben der Heilung an einer Knochenbruchstelle entsteht.

Pseudogicht → Chondrokalzinose-Syndrom

Psittakose → Papageienkrankheit

Psoas (Musculus psoas): Lendenmuskel

Psoralene: Wirkstoffe zur Behandlung der → Schuppenflechte.

Psoriasis → Schuppenflechte

Psychoanalyse: von Sigmund Freud begründetes therapeutisches Verfahren; **1.** Untersuchungsmethode zur Entschlüsselung unbewusster seelischer Vorgänge durch Traumdeutungen und freie Assoziation; **2.** Technik zur Behandlung von psychischen und psychosomatischen Erkrankungen.

psychogen: seelisch bedingt

Psychopharmaka: Medikamente, die die seelische Befindlichkeit beeinflussen und zur Behandlung seelischer Störungen und Geisteskrankheiten eingesetzt werden.

Psychose: organisch bedingte oder → endogene psychiatrische Erkrankung, bei der es zu tief greifenden Veränderungen im Erleben des Betroffenen kommt, z. B. Wahnvorstellungen, Bewusstseins- und Orientierungsstörungen.

Psychosomatik: Wissenschaft, die sich mit den Wechselwirkungen von Psyche und Körper beschäftigt.

Psychotherapie: Sammelbegriff für verschiedene therapeutische Verfahren zur Behandlung von psychischen Störungen bzw. Verhaltensanomalien.

Pterygium: fortschreitende Verdickung der Bindehaut vom Augenwinkel in Richtung der Augenmitte.

Ptose → Hängelid

Pubertät: Zeitraum des sich über drei bis vier Jahre erstreckenden Prozesses der Geschlechtsreifung.

Pubes: Schamhaare

Pudendum: Genitalien, Geschlechtsorgane

Pudendusanästhesie: örtliche Betäubung durch Injektion eines Lokalanästhetikums auf beiden Seiten der Vagina.

Puerperalsepsis → Kindbettfieber

Puerperium → Wochenbett

Pulmo: Lunge

pulmonale Hypertonie → Lungenhochdruck

Pulmonalklappe: Ventil zwischen rechter Herzkammer und Stamm der Lungenarterie.

Pulmosklerose → Lungenfibrose

Pulpa dentis: Hohlraum im Zahninneren

Puls: durch die Haut an den Arterienwänden tastbare Druckwelle; sie entsteht, wenn das Blut aus der linken Herzkammer in die Hauptschlagader gepumpt wird.

Pupille: Sehloch

Pupillenerweiterung → Mydriasis

Pupillenverengung (Miosis): durch helles Licht, Krankheiten oder Medikamente verkleinerte Pupille.

Purpura: als Symptom verschiedener Krankheiten auftretende, unter der Haut sichtbare purpurfarbene oder rötlich braune Flecken.

purulent (eitrig): mit Eiterbildung einhergehend bzw. Eiter enthaltend.

Pus → Eiter

Pustel → Pickel

Putreszenz: Fäulnis

Putzfrauenknie (Bursitis praepatellaris): infolge langen Kniens auftretende Entzündung der Schleimbeutel unterhalb des Knies.

PUVA-Therapie: Behandlungsmethode von Hautkrankheiten, z. B. → Schuppenflechte, bei der die Gabe von Medikamenten und Lichtbestrahlung kombiniert werden.

Pyelitis → Nierenbeckenentzündung

Pyelonephritis → Nierenbeckenentzündung

Pyelografie → Urografie

Pylorus: Magenpförtner, Schließmuskel am Magenausgang

Pylorusstenose: Beeinträchtigung der Nahrungsbreipassage auf dem Weg vom Magen in den Zwölffingerdarm durch die Verengung des Magenpförtners (→ Pylorus).

Pyrexie: Fieber

Pyridoxin: Vitamin B6, dessen Mangel eine Nervenentzündung hervorrufen kann.

pyrogen: Fieber erzeugend, z. B. Medikamente.

Pyrosis → Sodbrennen

Pyurie: Ausscheidung von eitrigem Harn.

Q

Q-Fieber → Siebentagefieber

Quaddel: **1.** Injektionsart, die bei der → Neuraltherapie angewendet wird, wobei ein Lokalanästhetikum flach unter die Haut gespritzt wird (quaddeln); **2.** weißlich rote Hauterscheinung durch ein → Ödem.

Quadriplegie → Tetraplegie

Quadrizeps: vierköpfiger Muskel, der als größter Muskel im Körper die Funktion hat, das Bein im Kniegelenk zu strecken.

Quick-Test: Blutgerinnungstest

R

Rabies → Tollwut

Rachen: Pharynx

Rachenentzündung (Pharyngitis): Rachenkatarrh; durch Viren oder Bakterien hervorgerufene Rachenschleimhautentzündung, tritt allein oder in Verbindung mit → Schnupfen und/oder Kehlkopfkatarrh auf.

Rachenmandelhyperplasie → adenoide Vegetationen

Rachitis: durch geringe Einlagerung von → Kalzium und Phosphat hervorgerufene Verformung der Knochen im Kindesalter infolge von Vitamin-D-Mangel.

Radiästhesie: Einsatz einer Wünschelrute bei der Diagnose.

Radialis (Nervus radialis): starker Nervenstrang, der sich u. a. in Arme, Hände und Finger verästelt.

Radiatio → Strahlung

Radikale, freie: Sauerstoffatome und -verbindungen, denen ein Elektron fehlt, weshalb sie nach dem fehlenden Elektron bei anderen Molekülen suchen; die dabei entstehende Kettenreaktion hat unter Umständen gesundheitsschädigende Folgen.

Radikaloperation: operative Entfernung des gesamten Krankheitsherds einschließlich der gesunden und benachbarten Gewebe.

Radiografie: alle mit Strahlen bildgebende Verfahren zur Darstellung von Teilen des Körpers.

Radioimmunoassay (RIA): Feststellung der Konzentration bestimmter Proteine (u. a. Antigene, Hormone, Antikörper) im Blut mit Hilfe von radioaktiven Isotopen.

Radioisotopenuntersuchung (Szintigrafie): bildgebendes Diagnoseverfahren (siehe Kasten Seite 110).

Die Radioisotopenuntersuchung

Vor der Untersuchung werden dem Körper meist durch eine Injektion radioaktive Substanzen (Radionuklide) zugeführt, die von den Geweben in unterschiedlicher Konzentration aufgenommen werden. Das Untersuchungsgerät erfasst die variierende Strahlung im Zielgebiet und zeichnet davon ein Schnittbild auf einen Bildschirm.
Mit dieser Untersuchung kann früher als mit anderen bildgebenden Verfahren eine Beeinträchtigung der Funktion eines Organs festgestellt werden. So weist ein von einer Infektion betroffenes Gewebe eine andere Konzentration der Radionuklide auf wie gesundes Gewebe, was auf dem Bildschirm durch eine andere Färbung erkennbar wird.

Radix: Wurzel

Ranula → Mundbodenzyste

Rauigkeit → Tuberositas

Raynaud-Krankheit (Morbus Raynaud): im Bereich der Finger oder Zehen auftretende Gefäßerkrankung, in deren Folge es zu Verkrampfungen der Blutgefäße kommt, so dass der Blutfluss zu Finger oder Zehen unterbrochen wird.

Reanimation, cardiopulmonale → Herz-Lungen-Wiederbelebung

Rechts-Links-Shunt: ein Herzfehler

Rechtsmedizin → forensische Medizin

Reflex: unwillkürliche Reaktion eines Muskels oder Organs auf einen äußeren Reiz.

Reflexzonenmassage: spezielle Massagetechnik, die durch Druckausübung auf bestimmte Punkte der Haut zur Beeinflussung innerer Organe und Körperbereiche führt.

Reflux: durch mangelhaften Verschluss des Ausgangs verursachter abnormer Rückfluss von Flüssigkeit aus einem Hohlorgan, z. B. Rückfluss von saurem Magensaft in die Speiseröhre.

Refluxösophagitis → Speisenröhrenentzündung

Regenbogenhaut (Iris): kreisförmiger Teil des Auges; umgrenzt mit ihrem freien Rand die Pupille und steuert deren Öffnungsweite.

Regenbogenhautentzündung: Iritis

Regio hypochondriaca → Hypochondrium

Regurgitation → Aufstoßen

Rehabilitation: Maßnahmen zur Wiedereingliederung bei körperlicher oder geistiger Behinderung oder nach schwerer Krankheit in das Gesellschafts- bzw. Berufsleben.

Reimplantation, dentale: Einsetzung eines verlorenen Zahns in sein Zahnfach, um das Wiederanwachsen zu ermöglichen (meist nach Unfall).

Reisediarrhoe (»Montezumas Rache«, Gastroenteritis): Durchfallerkrankung; kommt in Gebieten mit mangelhaften sanitären und hygienischen Verhältnissen bei Reisenden häufig vor.

Reisekrankheit → Bewegungskrankheit

Reiz → Stimulus

Reizblase: krampfartige, unwillkürliche Muskelkontraktion der Blasenmuskulatur; geht wegen des starken Drucks auf den Schließmuskel während der Krämpfe häufig mit einer → Harninkontinenz einher.

Reizdarm (Reizkolon, Colon irritabile, spastisches Kolon): diagnostisch nicht nachweisbare Erkrankung des Darms; äußert sich u. a. durch periodisch auftretende Bauchschmerzen und Stuhlunregelmäßigkeiten.

Reizmagen (funktionelle Dyspepsie): Erkrankung des Magens, oft ohne organische Ursache; äußert sich u.a. durch brennende, krampfartige Schmerzen im Oberbauch, Übelkeit und → Erbrechen, → Sodbrennen und → Blähungen.

Rekonvaleszenz: Genesungsphase nach einer Krankheit, in der der Patient wieder zu Kräften kommt.

rektale Blutung: Abgang von Blut durch den After, das aus dem Mastdarm, selten aus dem höher liegenden Verdauungstrakt stammt.

rektale Untersuchung: Untersuchung des Mastdarms und der Prostata durch den After zur Abklärung von Erkrankungen.

Rektozele: Mastdarmvorfall durch die hintere Scheidenwand infolge einer Gewebeschwäche, oft in Verbindung mit Vorfall der Harnblase in die vordere Scheidenwand oder Gebärmuttervorfall.

Rektum: Mastdarm

Rektumkarzinom → Mastdarmkrebs

Rektumprolaps → Mastdarmvorfall

Remission: vorübergehender Rückgang von Krankheitserscheinungen meist bei chronischen Krankheiten.

Ren: Niere, Nephros

renal: die Niere betreffend.

Renin: aus den Nebennieren stammendes Enzym mit blutdrucksteigernder Wirkung.

Reposition: Einrichtung eines Knochens, Einrenkung einer Verrenkung und Zurückbringen eines Eingeweidebruchs.

Resektion: operative Entfernung erkrankter bzw. geschädigter Teile eines Organs oder Körperteils.

Resistenz: Widerstandsfähigkeit, Abwehrkraft

Resistenz, Arzneimittel-: Widerstandsfähigkeit von Krankheitserregern gegenüber normalerweise wirksamen Arzneimitteln.

Resorption: Aufnahme von Stoffen durch die Haut oder Schleimhaut.

Respiration: Atmung

Respirationstrakt → Atmungsorgane

Respirator: Gerät für die Beatmung von Patienten, wenn diese nicht mehr bzw. noch nicht wieder selbstständig atmen können.

respiratorische Insuffizienz: hohe Kohlendioxidkonzentration und niedriger Sauerstoffgehalt im Blut.

Restless-legs(-Syndrom) → Syndrom der unruhigen Beine

Retina: Netzhaut des Auges

Retinitis: Netzhautentzündung

Retinitis pigmentosa: fortschreitende Degeneration der Stäbchen und Zäpfchen in der Netzhaut mit zunehmender Einschränkung des Gesichtsfelds.

Retinoide: aus Vitamin-A-Säure hergestellte Medikamente bei Hauterkrankungen.

Retinol (Vitamin A): wichtig für Augen, Haut und Schleimhäute.

Retinopathie: oft infolge → Diabetes mellitus oder → Bluthochdruck auftretende Erkrankung der Netzhaut; äußert sich durch kleine Blutungen und allmählichen Sehverlust.

Retrobulbärneuritis: Entzündung des Sehnervs an seiner Austrittsstelle hinter dem Augapfel.

retrosternal: hinter dem Brustbein

Rezeptor: **1.** sensorische Nervenzellen, die äußere Reize in Nervenimpulse umwandeln; **2.** »Andockstellen« an einer Körperzelle, an denen sich passende → Antigene, Enzyme o. Ä. verankern.

Rezidiv: »Rückfall«; wiederkehrende Krankheit oder → Symptome (→ Remission) nach scheinbar erfolgter Heilung.

Rh(esus)-Inkompatibilität: Unverträglichkeit zwischen dem Blut der Schwangeren und dem des → Fetus; die Mutter ist rh-negativ, das Ungeborene jedoch Rh-positiv, so dass bei Auftreten roter Blutzellen des → Fetus im mütterlichen Blut → Antikörper gebildet werden, die beim nächsten Rh-positiven Kind eine schwere Blutkrankheit hervorrufen können. Die Gefahren durch die Antikörper potenzieren sich bei weiteren Schwangerschaften.

Rhesusfaktor (Rh): Substanz, die bei vielen Menschen auf der Oberfläche der roten Blutkörperchen auftreten (»Rhesus-positiv«), bei anderen jedoch fehlt (»rhesus-negativ«); → Rhesus-Inkompatibilität.

Rheumamittel → Antirheumatika

rheumatische Erkrankungen: Sammelbegriff für Erkrankungen des Bewegungsapparats.

rheumatisches Fieber: → Autoimmunkrankheit; akute Gelenkentzündung mit hohem → Fieber.

rheumatoide Arthritis → Polyarthritis, chronische

Rhexis: (Gefäß-)Zerreißung

Rhinitis → Schnupfen

Rhinitis allergica → Heuschnupfen

Rhinologika → Schnupfenmittel

Rhinophym(a): knollige Verdickung der Nase, indem die äußere Nase anschwillt und sich rötet.

RIA → Radioimmunoassay

Riboflavin → Vitamin-B-Komplex

Rickettsien: Bakterien, die nur in lebenden Zellen existieren können und als Erreger zahlreicher Infektionskrankheiten gelten.

Riechnerv (Nervus olfactorius): Nervenfaserbündel, in dem Geruchsempfindungen von der Nase zum Gehirn geleitet werden.

Riesenzellarteriitis → Arteriitis temporalis

Rigor: Steifheit bzw. Starre von Muskeln.

Rigor mortis: Totenstarre

Rinde (Cortex): äußere Zellschicht eines Organs.

Rinderwahnsinn → BSE

Ringelröteln → Fünfte Krankheit

Rheumatische Erkrankungen

Von rheumatischen Erkrankungen können Muskeln, Sehnen, Gelenke und die Wirbelsäule betroffen sein, wobei sie mit ganz unterschiedlichen Schmerzen verbunden sind: ziehende, reißende oder stechende. Charakteristische Erkrankungen des rheumatischen Formenkreises sind → Arthritis (Gelenkentzündung), → Arthrose (degenerative Gelenkabnützung), → Gicht (Stoffwechselstörung mit Ausbildung u.a. von Gichtknoten) und der so genannte Weichteilrheumatismus. Hinzu kommen noch → rheumatisches Fieber, das → Karpaltunnelsyndrom und ähnliche Erkrankungen.

Ringskotom → Tunnelsehen

Rippe: Costa

Rippenfellentzündung (Pleuritis): Entzündung des Brustfells, die einen scharfen Schmerz verursacht, der bis zur Schulterspitze ausstrahlen kann; tritt meist infolge einer entzündlichen Erkrankung eines Brustorgans auf.

Rippen-Lungen-Fell: Pleura

Roboranzien: stärkende Mittel

Roemheld(-Tecklenburg-Ceconi)-Syndrom: Symptomenkomplex mit Herzbeschwerden bei Magen-Darm-Erkrankungen, die mit Blähungen im Oberbauch, Zwerchfellhochstand und Verschiebung des Herzes einhergehen.

Röntgen, -bild → Röntgenstrahlen

Röntgenografie → Röntgenstrahlen, Strahlenheilkunde

Röntgenstrahlen: kurzwellige, nicht sichtbare Lichtstrahlen, die ein hohes Durchdringungsvermögen aufweisen und dann entstehen, wenn Elektronen mit hoher Geschwindigkeit auf Schwermetall treffen; wird zur Diagnose und Therapie von Erkrankungen genutzt.

Röschenflechte → Pityriasis rosea

Röteln (Rubella, Rubeola): harmlose Virusinfektion mit Hautausschlag; kann aber beim → Embryo in den ersten Monaten der Schwangerschaft schwere Entwicklungsdefekte verursachen.

Rosazea: chronische Hautkrankheit mit unnatürlicher Rötung und Hautabschuppung an Wangen und Nase infolge einer Erweiterung der Blutgefäße.

Roseola infantum (Exanthema subitum, Dreitagefieber): vermutlich Virusinfektion; äußert sich durch hohes Fieber (bis 40,5 °C), das nach drei bis vier Tagen unvermittelt wieder auf den Normalwert fällt, und → Ausschlag.

Rosenflechte → Pityriasis rosea

Rotatorenmanschette: haubenförmige Manschette um das Schultergelenk, bestehend aus den ziehenden Sehnenanteilen der vier Oberarmdreher.

rotes Auge → Bindehautentzündung

rotes Blutkörperchen: Erythrozyt

Rubella, Rubeola → Röteln

Rücken: Dorsum

Rückenmark: Medulla spinalis

Rückenmarkflüssigkeit → Gehirn-Rückenmark-Flüssigkeit

Rückenmarknerven: Nervi spinales, Spinalnerven

Rückfallfieber (Febris recurrens): durch Zecken und Läuse auf den Menschen übertragene, durch spiralförmige Bakterien verursachte

Infektion; äußert sich u. a. durch hohes → Fieber, Erbrechen.

Ruhr (Dysenterie): schwere Darminfektion mit starkem schleim-, eiter- und bluthaltigem Durchfall; tritt entweder plötzlich auf (Bakterien) oder allmählich (Parasiten).

Rundrücken (Kyphose): durch Fehlhaltung oder eine Wirbelsäulenerkrankung verursachte, nach rückwärts gerichtete (konvexe) Krümmung der Wirbelsäule im Brust- und Kreuzbereich, eventuell auch im Hals-Lenden-Bereich.

S

Saccus: beutelförmig; z. B. → Fruchtblase

Sängerknötchen (Stimmbandknötchen): durch Dauerbeanspruchung der Stimmbänder auftretende kleine Verdickungen.

Säurebinder (Antazida): Medikamente zur Linderung u. a. von Sodbrennen und → Reflux.

Sakralgie: oft infolge eines → Bandscheibenvorfalls auftretende Schmerzen im Kreuzbeinbereich.

Sakrum: Os sacrum, Kreuzbein

salinisch: salzig; Salzlösung

Saliva: Speichel

Salizylate: Substanzen mit entzündungshemmender, fiebersenkender, schmerzstillender Wirkung, z. B. → Acetylsalicylsäure.

Salizylsäure: Wirkstoff zum Aufweichen und Ablösen der äußeren Hautschicht; zur Behandlung von Hauterkrankungen.

Salmonellosen: bakterielle Infektionen; z. B. bakterielle Lebensmittelvergiftung.

Salpingitis: Eileiterentzündung

Salpinx: Eileiter

Salz: Steinsalz und Meersalz; chemische Verbindung von → Natrium und Chlor zu Natriumchlorid ($NaCl$), dem Koch- und Tafelsalz.

Samen: Sperma

Samenerguss (Ejakulation): Ausstoßung des Samens beim Orgasmus.

Samenfaden: Spermium

Sarkom → Knochenkrebs

Sauerstoff: für Menschen lebensnotwendiges Gas, das von der Lunge aus der Luft aufgenommen und ins Blut abgegeben wird.

Sauerstoffbehandlung: meist mittels eines Sauerstoffgeräts zugeführte sauerstoffangereicherte Luft bei unzureichender Sauerstoffversorgung des Organismus.

Sauerstoffzelt: zur → Sauerstoffbehandlung eingesetzte Plastikfolie, die über das Bett gespannt wird.

Scaling: Zahnsteinentfernung

Scarlatina → Scharlach

Schädel: Cranium, Kranium

Schädel-Hirn-Trauma: Verletzungen von Kopfhaut, Schädel und/oder Gehirn.

Schädelpunktion (Schädeltrepanation): Schädeleröffnung mittels eines Spezialbohrers, z. B. zur Druckentlastung nach einem → Schädel-Hirn-Trauma.

Schädeltrepanation → Schädelpunktion

Scham: Vulva

Schamhaare: Pubes

Schamlaus (Phthirus pubis): Filzlaus; nistet sich im Schamhaar ein und ernährt sich von Blut.

Schamlippe: Labia

Schanker, harter: Geschwür im Genitaltrakt; Begleiterscheinung der → Syphilis.

Schanker, weicher (Ulcus molle): durch Geschlechtsverkehr übertragbare bakterielle Infektion; äußert sich u. a. durch schmerzhafte Geschwüre an den Geschlechtsorganen.

Scharlach (Scarlatina): Kinderkrankheit, die durch → Streptokokken verursacht wird; äußert sich u. a. durch Halsentzündung, → Fieber und Ausschlag.

Schaufensterkrankheit (periphere arterielle Verschlusskrankheit, Claudicatio intermittens): Durchblutungsstörungen in den Extremitäten infolge verengter Arterien; äußert sich durch beim Gehen auftretende krampfartige Schmerzen in den Waden.

Scheide: Vagina

Scheide, Juckreiz: oft Anzeichen einer → Scheidenentzündung.

Scheidenausfluss (auch Ausfluss; Vaginalflour, Leukorrhoe): normale oder vermehrte Absonderungen der Scheidenschleimhaut.

Scheidenentzündung (Vaginitis, Kolpitis): durch eine Infektion, → Allergie oder Hormonmangel hervorgerufene Rötung und Schwellung der Scheidenwand; äußert sich auch durch Juckreiz und vermehrten Scheidenausfluss.

Scheidenkrampf → Vaginismus

Scheidenspiegelung (Kolposkopie): mittels Sichtinstrument durchgeführte Untersuchung der Vagina und des Gebärmutterhalses zur Abklärung von Erkrankungen.

Scheidewand: Septum

Schiefhals (Caput obstipum, Torticollis): Schräghaltung des Kopfs, oft infolge einer Muskelverspannung.

Schielen (Strabismus): Stellungsanomalie des Auges, z. B. → Einwärtsschielen.

Schienbein: Tibia

Schilddrüse (Glandula thyroidea): von → Hypothalamus und → Hypophyse gesteuerte → endokrine Drüse, die u. a. den Zellstoffwechsel stimuliert.

Schilddrüsenhormone: Trijodthyronin (T3), Thyroxin (T4) und Kalzitonin; sind u. a. für die Regulation des Stoffwechsels wichtig.

Schilddrüsenkarzinom: bösartige Geschwulst der → Schilddrüse.

Schilddrüsenszintigrafie: nuklearmedizinische Bildkontrastdarstellung der Schilddrüse zur Abklärung von Erkrankungen.

Schilddrüsenüberfunktion (Hyperthyreose): vermehrte Abgabe von → Schilddrüsenhormonen, die eine Überaktivität des Stoffwechsels hervorruft.

Schilddrüsenunterfunktion (Hypothyreose): verminderte Ausschüttung von → Schilddrüsenhormonen, z. B. infolge Jodmangels; hemmt u. a. die Energieproduktion der Körperzellen und vermindert den Grundumsatz.

Schinnen: kleieförmige Schuppen

Schistosomiasis (Bilharziose): durch Kontakt mit verseuchten Gewässern auftretende Parasiteninfektion; äußert sich u. a. durch → Fibrose.

Schizophrenie: Sammelbegriff für verschiedene → Psychosen; äußert sich u. a. durch → Halluzinationen und → Wahnvorstellungen.

Schlachthausfieber → Siebentagefieber

Schlafapnoe: kurzzeitiger und wiederholter → Atemstillstand während des Schlafs.

Schlafkrankheit: durch die → Tsetsefliege übertragene Parasiteninfektion, die auf das Gehirn übergreift; äußert sich u. a. durch Fieberschübe und extreme Erschöpfung.

Schlaflosigkeit: Insomnie

Schlafstörungen: Schwierigkeiten beim Ein- bzw. Durchschlafen; oft infolge seelischer Belastungen, aber auch u. a. von → Bluthochdruck oder Herzerkrankungen.

Schlafwandeln: Somnambulismus

Schlagader → Arterie

Schlaganfall (Apoplexie): plötzlich auftretender lebensbedrohlicher Durchblutungsstopp in Teilen des Gehirns, z. B. infolge eines → Blutgerinnsels in einer verkalkten Gehirnarterie, das die Blutzufuhr versperrt, oder eines Risses in einer Gehirnarterie.

Schleim: Mucus

Schleimhaut: Mukosa

Schleimbeutel (Bursa): mit Flüssigkeit gefüllter Beutel, der sich in der Nähe von Gelenken (z. B. Knie) befindet.

Schleimzyste (Mukozele): mit Schleim gefüllter »Sack«, z. B. in der Gallenblase.

Schleudertrauma (Peitschenhieb-Syndrom): Schmerzen und Steifheit im Nacken durch eine gewaltsame Schleuderbewegung in diesem Bereich; dabei werden Bänder und Wirbelgelenke verletzt.

Schließmuskel: Sphinkter

Schluckauf: Singultus

Schluckbeschwerden (Dysphagie): z. B. infolge eines Fremdkörpers; auch durch Erkrankungen der Speiseröhre (→ Speiseröhrenentzündung; -verengung) oder Störungen des Nervensystems.

Schlüsselbein: Clavicula

Schmerz(en) (Dolor, Algesie): akut oder chronisch auftretendes Symptom, das auf eine Störung oder Erkrankung hinweist und von leichtem Unbehagen bis zu einer unerträglichen Empfindung reicht.

Schmerzmittel (Analgetika): Medikamente zur Schmerzlinderung.

schnellender Finger → Finger, schnellender

Schnupfen (Coryza; Nasenschleimhautentzündung, Rhinitis): Entzündung der Nasenschleimhaut mit Absonderung eines wässrigen Sekrets und zeitweiligem Auftreten von Nasenverstopfung.

Schnupfenmittel (Rhinologika): Medikamente zur Linderung von Schnupfen in Form von Nasentropfen oder Tabletten.

Schock: schwere Kreislaufstörung, die zu einer Unterversorgung wichtiger Organe führen kann; äußert sich u. a. durch schnellen, schwachen Puls, rasche, flache Atmung, feuchtkalte Haut und Frieren.

Schorf (Grind): Krustenbildung aus geronnenem Blut und Wundsekret infolge des Heilungsprozesses einer Wunde.

Schröpfen: therapeutisches Verfahren, bei dem an bestimmten Körperstellen mittels Glasglocken oder Glocken mit Gummiaufsatz Blut angesaugt wird.

Schüttelfrost: Zittern am ganzen Körper; normale Reaktion auf Kälte, aber auch als Folge von hohem → Fieber.

Schulterblatt: Skapula

Schultergelenkluxation → Schulterverrenkung

Schulter-Hand-Syndrom: Schmerzen und Steife in Schulter, Arm und Hand, z. B. infolge eines → Schlaganfalls.

Schultersteife (Periarthritis humeroscapularis): oft infolge einer Gelenkkapselentzündung auftretende schmerzende Steifheit der Schulter.

Schulterverrenkung (Schultergelenkluxation): schmerzhafte Verrenkung des Oberarmkopfs aus der Schulterpfanne.

Schuppenflechte (Psoriasis): chronisches erbliches Hautleiden, meist in den Streckseiten der Knie und Ellenbogen, mit Bildung von geschichteten silberweißen Schuppen und Rötung der Haut infolge eines übermäßigen Wachstums der Hautzellen in den oberen Hautschichten.

Schwangere → Gravida

Schwangerschaft: Gravidität

Schwangerschaftsabbruch → Abort, eingeleiteter

Schwangerschaftsdiabetes: oft in der zweiten Hälfte der Schwangerschaft auftretender → Diabetes mellitus; kann nach der Geburt abklingen oder weiter bestehen.

Schwangerschaftserbrechen (Morgenkrankheit): zu Beginn der Schwangerschaft auftretende, vermutlich durch die Hormonumstellung hervorgerufene Übelkeit und Erbrechen.

Schwangerschaftsherpes: Hautleiden während der Schwangerschaft; äußert sich durch Bläschenbildung an Beinen und Unterleib.

Schwangerschaftsvergiftung, -toxikose → Präeklampsie

Schwarzwasserfieber → Malaria

Schwefel (Sulfur): Mineralstoff im menschlichen Körper mit entgiftender Wirkung.

Schweißdrüsen: Glandulae sudoriferae

Schwerhörigkeit: Schallleitungs- oder Schallempfindungsschwerhörigkeit; oft eine Alterserscheinung oder infolge einer Verletzung oder Erkrankung auftretend.

Schwindel (Vertigo): plötzlich auftretende Empfindung des Schwankens, z. B. durch abruptes Aufstehen, oder als Symptom einer lang anhaltenden Gleichgewichtsstörung, z. B. infolge einer Störung im Innenohr.

Schwitzen (Perspiratio(n)), Hyperhidrose): Schweißabsonderung im Rahmen der Temperaturregulation des Körpers zum Schutz vor Überhitzung.

Screening: Vorfelddiagnostik; Test zur frühzeitigen Abklärung von Erkrankungen.

Seborrhoe → Talgüberproduktion

Sebum: Talg

Sectio (caesarea) → Kaiserschnitt

Sedativa → Beruhigungsmittel

Sedierung: Ruhigstellung; Verabreichung eines Sedativums (→ Sedativa).

Sediment: Bodensatz, z. B. Harnsediment.

Sehhügel: Thalamus

Sehloch: Pupille

Sehne: Tendo

Sehnenentzündung: Tendinitis

Sehnenscheide: »Sehnenfach«; fasrige Scheidenwand um eine Sehne.

Sehnenscheidenentzündung: Tendovaginitis

Sehnerv: Nervus opticus

Seitenlage, stabile: Erste-Hilfe-Maßnahme; optimale Lagerung eines Bewusstlosen.

Sekretion: Ausschüttung wichtiger Stoffe durch Drüsen, z. B. Hormone.

Selbsttötung: Freitod, Suizid

Seminom → Hodenkarzinom

Senilität: Einschränkung der geistigen Leistungsfähigkeit infolge fortgeschrittenen Alters.

Sensibilisierung: Erstkontakt mit einer Substanz, die das Immunsystem zu einer allergischen Reaktion (→ Allergie) veranlasst.

Sepsis: bakterielle Infektion einer Wunde mit Eiterbildung (→ Eiter).

Septikämie → Blutvergiftung

septischer Schock: infolge einer → Blutvergiftung lebensbedrohliche Beeinträchtigung der Blutzirkulation; äußert sich u. a. durch extremen Blutdruckabfall und schnellen, schwachen Puls.

Septum: Scheidewand innerhalb eines Organs.

Serologie: Lehre vom Blutserum; Beschäftigung mit Funktion und krankhaften Veränderungen des Blutserums.

Serotonin: körpereigene Substanz, die in vielen Geweben vorkommt und unterschiedliche Funktionen hat, z. B. im Gehirn als Neurotransmitter; als Bestandteil der Blutplättchen sorgt sie bei Verletzungen für eine Verengung der Blutgefäße.

Serum: **1.** u. a. salz- und → antikörperhaltiger flüssiger, nicht mehr gerinnbare Teil des Blutplasmas; **2.** Impfstoff zur Immunisierung (→ Antiserum).

Serumkrankheit: Form der → Hypersensibilisierung; tritt manchmal einige Tage nach der Verabreichung eines → Antiserums auf; äußert sich u. a. durch Ausschlag und Fieber.

Sexualhormone: → androgene Hormone, → Östrogene, → Progesteron.

Shigellose → Bakterienruhr

Sichelzellenanämie: vererbliche Anomalie der roten Blutkörperchen; äußert sich durch eine schwere chronische → Anämie.

Sick-Sinus-Syndrom: Funktionsstörung des → Sinusknotens oft infolge → koronarer Herzkrankheit; äußert sich u. a. durch → Bradykardie und Tachykardie (→ Herzjagen), die meist im Wechsel auftreten.

Siderose: Sammelbegriff für Erkrankungen infolge eines Überschusses von → Eisen im Blut.

SIDS → Kindstod, plötzlicher

Siebentagefieber (Q-Fieber, Schlachthausfieber): schwere Infektion mit grippeähnlichlichen Symptomen, die durch bakterien- bzw. virenähnliche Erreger (→ Rikettsien) verursacht wird.

Sigmatismus: Lispeln

Singultus: Schluckauf

Sinusbradykardie: regelmäßige Herzschlagfolge unter 60 Schlägen pro Minute; kommt z. B. bei Leistungssportlern vor.

Sinusitis: Entzündung der → Nasennebenhöhlen.

Sinusknoten: natürlicher Schrittmacher des Herzes; befindet sich im rechten Herzvorhof.

Sinus paranasales → Nasennebenhöhlen

Sinustachykardie: regelmäßige Herzschlagfolge über 100 Schlägen pro Minuten; tritt z. B. unmittelbar nach körperlicher Belastung auf (→ Herzjagen).

Sjögren-Syndrom: → Autoimmunkrankheit; äußert sich u. a. durch extreme Trockenheit von Augen, Mund und/oder Rachen.

Skabies → Krätze

Skapula: Schulterblatt

Skelett: Knochengerüst

Sklera: Lederhaut des Auges

Skleritis: meist chronisch verlaufende Entzündung der weißen Lederhaut des Auges.

Sklerodermie (systemische Sklerose): → Autoimmunkrankheit mit unterschiedlichen Krankheitserscheinungen, z. B. → Raynaud-Krankheit, Hautveränderungen.

Skleromalazie → Skleritis

Sklerose: Verhärtung von Körpergewebe und Gefäßen, z. B. bei → Arteriosklerose.

Skoliose (Wirbelsäulenverkrümmung): meist in der Jugend beginnende, mit dem Alter fortschreitende seitliche Verkrümmung der Wirbelsäule im Brust- oder Lendenbereich.

Skorbut: Vitamin-C-Mangelkrankheit

Skrofuloderm → Tuberkulose

Skrotum: Hodensack
Slow-Virus-Infektion: Sammelbegriff für meist durch Viren ausgelöste schleichende Erkrankungen des → Zentralnervensystems, die die völlige Zerstörung des Nervensystems zur Folge haben, z. B. → Creutzfeldt-Jakob-Krankheit.
Smear → Abstrich
Smegma: infolge mangelhafter Hygiene auftretende Ansammlung talgigen Drüsensekrets unter der Vorhaut.
Sodbrennen (Pyrosis): saures → Aufstoßen, Brennen im Rachen oder hinter dem Brustbein infolge eines Rückflusses von Magensäure nach oben in Richtung Mund; oft nach dem Verzehr von stark gewürzten Speisen oder übermäßigem Alkoholkonsum; unter Umständen Symptom für → Speiseröhrenentzündung oder → Reflux.
Sohlenwarze → Dornwarze
Solar plexus (Plexus coeliacus): Sonnengeflecht; hinter dem Magen gelegenes Nervengeflecht, von dem → Nerven zu vielen Bauchorganen ausgehen.
Soma: Körper
somatisch: den Körper betreffend; körperlich.
Somatotropin → Wachstumshormon
Sommersprossen: Epheliden
Somnambulismus: Schlafwandeln
Somnifera: Schlafmittel
Somnolenz → Benommenheit
Sonnenallergie: Überreaktion der Haut auf Sonnenlicht; äußert sich durch Rötungen, Knötchen und oft juckende Bläschen an den betroffenen Hautstellen.
Sonnenbrand (Dermatitis solaris): Entzündungsreaktion der Haut infolge von zu viel Ultraviolettstrahlung; führt zu bleibenden Hautschäden.
Sonnenstich (Heliosis): Temperaturerhöhung im Gehirn und Reizung der Gehirnhäute durch Wärmeeinwirkung infolge starker Sonnenbestrahlung des unbedeckten Kopfs (→ Hitzschlag).
Sonografie → Ultraschalluntersuchung
Soor: Pilzinfektion durch Candida albicans; tritt bevorzugt in Mund und Scheide, bei Kindern im Windelbereich auf; äußert sich durch weiße, krümelige Beläge.
Spaltöffnung: Stoma
Spasmus → Krampf
spastisches Kolon → Reizdarm
Speichel: Saliva
Speicheldrüsen: Glandulae salivariae
Speiseröhre: Ösophagus

Speiseröhrenentzündung (Ösophagitis): oft als Folge von häufigem sauren → Aufstoßen (→ Reflux), auch durch übermäßigen Alkohol- und Zigarettenkonsum oder geschluckte Ätzmittel hervorgerufene schmerzhafte und → Schluckbeschwerden verursachende Entzündung der Speiseröhre.

Speiseröhrenverengung (Ösophagusstriktur): oft durch → Reflux ausgelöste, auch infolge eines bösartigen Tumors auftretende Schwellung bzw. Verengung der Speiseröhre; äußert sich u. a. durch → Schluckbeschwerden.

Spekulum: Spiegel; Instrument zur Betrachtung von Körperhohlräumen.

Sperma: Samen

Spermium (Spermatozoe): Samenfaden

Spermizide: empfängnisverhütende Präparate, die die Samen abtöten.

Sphinkter: Schließmuskel

Spider-Nävus: »Spinnenmal«, verfärbter, erhabener Hautfleck, der von strahlenförmig angeordneten kleinen Blutgefäßen umgeben ist.

Spina bifida (Meningomyelozele, Myelozele): »offener Rücken«; angeborene Fehlbildung, bei der der Säugling mit einer Öffnung in der Wirbelsäule geboren wird.

Spinalnerven: Rückenmarknerven, Nervi spinales

Spirale (IUP): empfängsnisverhütendes Intrauterinpessar, das in die Gebärmutter eingesetzt wird.

Spirochäte: spiralförmiges Bakterium, verursacht u. a. → Lyme-Krankheit.

Spirometrie: Lungenfunktionsprüfung mit einem Spirometer zur Abklärung von Lungenerkrankungen.

Splen: Milz, Lien

Splenektomie → Milzentfernung, operative

Spontanbericht → Anamnese

Spondylitis: Entzündung der Wirbelgelenke, z. B. als Begleiterscheinung von → Leukämie bei Kindern.

Spondylodese: operative Wirbelsäulenversteifung

Spondylolisthesis (Wirbelgleiten): Verschiebung eines Wirbelkörpers

Sprachtherapie (Logopädie, Phoniatrie): Therapie zur Behandlung von Sprachstörungen.

Sprue → Zöliakie

Spurenelemente: in der Natur und auch im Organimsus in sehr geringer Menge vorhandene anorganische Bestandteile, die wichtige Funktionen im Stoffwechsel haben, z. B. → Eisen (Kasten Seite 125).

Sputum → Auswurf

Stärke → Kohlenhydrate

Stamm (Trunkus): Kopf, Hals und Rumpf umfassend.

Stapedektomie: Operation des Ohrs zur Verbesserung des Hörvermögens; einer in seiner Funktion beeinträchtigter Steigbügel wird durch einen künstlichen ersetzt.

Stapes: Steigbügel, Gehörknöchelchen im Innenohr

Staphylokokken: Bakterien in traubenartiger Ansammlung; rufen u. a. verschiedene Hautinfektionen hervor.

Staroperation → grauer Star

Status asthmaticus: über einen längeren Zeitraum (bis hin zu einigen Tagen) andauernder Asthmaanfall (→ Asthma bronchiale).

Status epilepticus: lang andauernde epileptische Anfälle bei anhaltender → Bewusstlosigkeit (→ Epilepsie).

Staublunge → Pneumokoniose

Steatorrhoe: oft infolge von → Zöliakie oder Bauchspeicheldrüsenentzündung auftretender übermäßiger Fettanteil im Stuhl.

Steigbügel → Stapes

Stein-Leventhal-Syndrom (Polyzystisches Syndrom): durch einen LH-Überschuss (→ LH) bei gleichzeitigem FSH-Mangel (→ FSH) hervorgerufene Störung des weiblichen Hormonhaushalts mit unterschiedlichem Erscheinungsbild; z. B. → Amenorrhoe, → Unfruchtbarkeit.

Steinzertrümmerung (Lithotripsie): mit einem Stoßwellen erzeugenden Gerät (Lithotripter) vorgenommene Zertrümmerung von Nieren- und Gallensteinen.

Steißbein: Os coccygis

Steißbeinschmerz (Kokzygodynie): meist durch einen Sturz oder den Druck des Kindes in der Schwangerschaft auf das Steißbein hervorgerufener Schmerz in der Steißbeingegend.

Steißgeburt: Das Kind liegt bei der Geburt nicht mit dem Kopf, sondern mit dem Steiß nach unten.

Stenose: Verengung, z. B. eines Gefäßes.

Sterbeklinik → Hospiz

Sterilisierung der Frau (Minilaparotomie, Pelviskopie): Durchtrennung der Eileiter zur dauerhaften Empfängnisverhütung.

Sterilisierung des Manns (Vasektomie): Durchtrennung der Samenleiter zur dauerhaften Empfängnisverhütung.

Sterilität → Unfruchtbarkeit

Sternum: Brustbein

Die wichtigsten Spurenelemente

Neben Eisen sind folgende Spurenelemente die wichtigsten:

- Fluor fördert das Wachstum von Knochen und Zähnen
- Zink ist an der biochemischen Verbindung zwischen Nervenzellen, Kohlenhydratstoffwechsel, Immunabwehr und Insulinspeicherung beteiligt
- Kupfer spielt eine Rolle bei der Produktion von Nervenfasern, der Blutbildung und dem Bindegewebsstoffwechsel
- Selen ist für den Zellstoffwechsel wichtig
- Mangan ist an der Enyzmaktivierung und Blutgerinnung beteiligt
- Jod ist Bestandteil der Schilddrüsenhormone
- Chrom spielt bei der Regulation des Blutzuckerspiegels eine Rolle

Stethoskop: Instrument zum Abhören von Körpergeräuschen.

Stickoxydul → Lachgas

Stickstoff (Nitrogenium): farbloses Gas; kommt im Körper in Form von → Aminosäuren und → Proteinen vor.

Stillen: natürliche Ernährung des Babys mit Muttermilch durch Saugen an der Brust.

Still-Krankheit (juvenile rheumatische Arthritis): bei Kindern unter vier Jahren auftretende schmerzhafte Entzündung eines Gelenks.

Stimmband: Ligamentum vocale

Stimmbandknötchen → Sängerknötchen

Stimmlosigkeit → Aphonie

Stimmverlust: tritt vorübergehend oder chronisch oft infolge einer Erkrankung der Stimmbänder auf.

Stimulanzien: anregende Substanzen; **1.** synthetische Arzneien mit stimulierender Wirkung auf das zentrale Nervensystem, z. B. → Amphetamine; **2.** synthetische Arzneien mit stimulierender Wirkung auf die Atemwege (z. B. → Analeptika); **3.** meist pflanzliche Arzneien mit stimulierender Wirkung auf das Immunsystem (z. B. Echinacea).

Stimulus (Reiz): unmittelbar auf eine Körperaktivität wirkend.

Stoffwechsel: Metabolismus

Stoffwechselstörungen: Sammelbegriff für alle Erkrankungen, bei denen bestimmte biochemische Prozesse im Körper gestört sind.

Stoma: Mund, Spaltöffnung

Stomatitis → Mundschleimhautentzündung

Storchenbiss (Naevus Unna): meist in Augennähe oder im Nacken auftretendes rötliches Hautmal bei Neugeborenen.

Strabismus → Schielen

Strahlenkrankheit: Sammelbegriff für unmittelbare Körperreaktionen und auftretende Erkrankungen auf eine zu hohe Strahlenbelastung.

Strahlentherapie: Krebsbehandlung durch radioaktive Strahlen, z. B. → Röntgenstrahlen.

Strangurie → Harnzwang

Streckung (Extension, Traktion): oft zur Behandlung von Knochenbrüchen durchgeführtes Strecken mittels eines Gewichtszugs, um Knochenverschiebungen vorzubeugen.

Streifen (Striae): durch Elastizitätsverlust der unteren Hautschicht hervorgerufene faltenartige Linien auf der Haut.

Streptokinase: Thrombolytikum zur Auflösung von → Blutgerinnseln bei → Herzinfarkt oder → Lungenembolie.

Streptokokken: kettenbildende, kugelförmige Bakterien, die verschiedene Infektionen hervorrufen.

Streptokokkenangina: durch → Streptokokken hervorgerufene Halsentzündung.

Stress: Belastung, Spannung

Stressulkus: eine bestimmte Form des Magengeschwürs.

Streukügelchen (Globulus): Darreichungsform homöopathischer Arzneimittel.

Striae → Streifen

Stridor: pfeifendes Atemgeräusch bei Verengung oder Verlegung der oberen Luftwege; Begleiterscheinung von → Krupp.

Striktur: Verengung eines Körperorgans, z. B. durch → Narben, → Tumor, Gewebewucherungen.

Struma → Kropf

Stuhl: Faeces, Kot

Stuhldrang, schmerzhafter (Tenesmus): Empfindung einer unvollständigen Darmentleerung, obwohl das »Drücken« wirkungslos bleibt.

Stuhlentleerung (Defäkation): Ausscheiden von Stuhl.

Stuhlinkontinenz: Unvermögen, Stuhl zurückzuhalten, auch wenn kein akuter → Durchfall besteht.

Stuhlverstopfung → Verstopfung

Stummheit: Mutismus

Stumpf: Endteil einer Gliedmaße nach einer → Amputation.

Stumpftäuschung → Phantomglied

Stupor: z. B. infolge von heftigem Erschrecken auftretendes, vorübergehendes Aussetzen von Reaktionen auf Außenreize bei eigentlich vollem → Bewusstsein.

Sturzentleerung (Dumping-Syndrom, Postgastrektomie-Syndrom): oft infolge einer Magenoperation auftretende extrem schnelle Entleerung des Mageninhalts in den oberen Darmtrakt.

subakut: Erkrankungsverlauf zwischen → akut und → chronisch liegend.

subkutan: »unter die Haut« gehend.

subphrenischer Abszess: Eiteransammlung unterhalb der Milz.

Substantia grisea: graue Substanz

Substrat: Substanz, auf die ein → Enzym einwirkt.

Sucht: körperliche und psychische Abhängigkeit von Suchtmitteln oder zwanghaften Verhaltensweisen, z. B. Drogensucht.

Sudeck-Dystrophie: infolge einer Verletzung auftretende vorübergehende Funktionsstörung einer Hand oder eines Fußes.

Suizid: Freitod, Selbsttötung

Sulfur → Schwefel

Superinfektion: im Verlauf einer Infektion auftretende zweite Infektion, z. B. → Soor infolge der Einnahme von → Antibiotika.

Supination: Wendebewegung von Hand und Fuß; Gegensatz: → Pronation.

Suppositorium: Zäpfchen

Suppuratio → Eiterung

Surditas → Taubheit

Surfactant: Substanz, die die Oberflächenspannung verringert.

Sutur(a) (Hafte): **1.** Knochennaht am Schädel; **2.** Wundnaht.

Sykose → Bartflechte

Sympathikus → sympathisches Nervensystem

sympathisches Nervensystem: Teil des vegetativen Nervensystems; wirkt u. a. beschleunigend auf Herzschlag, verengt Blutgefäße und Schließmuskeln der Verdauungsorgane, erweitert die Bronchien, steigert die Absonderung von Schweiß; Gegenspieler: → parasympathisches Nervensystem.

Symphyse(is) → Verwachsung

Symptom: Krankheitszeichen; Beschwerde, die entweder vom Patienten (subjektives Symptom) oder vom Arzt (objektives Symptom) festgestellt wird.

Syndrom: Gruppe von → Symptomen, deren gemeinsames Auftreten einen bestimmten Zusammenhang oder Zustand anzeigt.

Syndrom der unruhigen Beine (Restless-legs[-Syndrom]): vor allem nachts auftretende Missempfindungen in den Beinen, z. B. Kribbeln, oft ohne erkennbare Ursache.

Synkope → Ohnmacht

Synkope, vagovasale: oft durch → Schock oder starke Schmerzen ausgelöste kurzzeitige → Bewusstlosigkeit, die Folge einer plötzlichen Verlangsamung des Herzschlags ist.

Synovektomie: operative Entfernung der Gelenkinnenhaut an chronisch entzündeten Gelenken bzw. bei chronischer → Synovialitis.

Synovialitis: oft durch Überlastung eines Gelenks hervorgerufene oder infolge einer → Polyarthritis auftretende akute oder chronische Entzündung der Gelenkinnenhaut.

Syphilis (Lues [veneria]): durch Geschlechtsverkehr übertragene, mehrere Stadien durchlaufende Geschlechtskrankheit, die durch Bakterien verursacht wird; äußert sich u. a. durch Geschwürbildung an Genitalien, Lymphdrüsenschwellungen; im weiteren Verlauf kommt es u. a. zu Hautausschlag, Fieberschüben und Gewebezerstörungen, z. B. an Haut, Gaumen, Augen.

Systema nervosum → Nervensystem

systemisch: den Gesamtorganismus betreffend; z. B. → Fieber.

Systole: Kontraktionsphase des Herzes; Gegenphase: → Diastole.

Szintigrafie → Radioisotopenuntersuchung

szirrhös: hart; faserreich, z. B. einige bösartige Tumore.

T

Tachykardie → Herzjagen

Tachypnoe: gesteigerte Frequenz der Atmung, z. B. infolge körperlicher Anstrengung, tritt auch bei Erkrankungen wie → Herzinsuffizienz oder → Lungenemphysem auf.

Talg: Sebum

Talgdrüsen: Glandulae sebaceae

Talgdrüsen(retentions)zyste: Zysten im Bereich der Haarwurzeln.

Talgüberproduktion (Seborrhoe): übermäßige Absonderung von Talg; äußert sich durch »fettige« Kopf- oder Gesichtshaut.

Tankrespirator → eiserne Lunge

Tarsalgie: Schmerzen im Fuß, oft in Verbindung mit Plattfüßen.

Taubheit (Surditas, Kophosis): angeborenes oder erworbenes vollständiges Fehlen oder stark beeinträchtigtes Hörvermögen.

Tay-Sachs-Syndrom: erbliche → Enzymmangelkrankheit, die bereits bei Säuglingen zu einer schnell fortschreitenden Schädigung des Gehirns führt und den frühen Tod zur Folge hat.

Tbc → Tuberkulose

Teerstuhl (Melaena): Hinweis auf Blutungen im oberen Verdauungstrakt, z. B. infolge eines → Magengeschwürs.

Teleangiektasie → Besenreiservenen

Tendinitis: Sehnenentzündung

Tendo: Sehne

Tendo calcaneus: Achillessehne

Tendovaginitis → Sehnenscheidenentzündung

Tenesmus → Stuhldrang, schmerzhafter

Tennisarm → Tennisellenbogen

Tennisellenbogen (Epicondylitis humeri): durch eine Entzündung der Sehne am Streckmuskel hervorgerufene Schmerzen an der Außenseite des Ellenbogens bzw. am Unterarm; oft als Folge einer einseiten Belastung.

TENS (Nervenstimulation, transkutane elektrische): Verfahren zur Schmerzlinderung mittels elektrischer Impulse, die über Elektroden auf der Haut Reize auf Nervenendigungen ausüben.

teratogen: medizinischer Ausdruck für Stoffe, die beim → Embryo bzw. → Fetus zu körperlichen Missbildungen führen können, z. B. das Rötelnvirus (→ Röteln).

Testikel, Testis: Hoden

Testosteron: wichtigstes männliches Geschlechtshormon.

Tetanie: Muskelverkrampfungen und -zuckungen

Tetanus → Wundstarrkrampf

Tetrajodthyronin → Schilddrüsenhormone

Tetraplegie (Quadriplegie, Paralyse): oft durch Verletzung der Wirbelsäule im Nackenbereich hervorgerufene Lähmung aller vier Gliedmaßen und des Rumpfs.

Thalassämie: erbliche Krankheiten, die durch eine Störung der Bildung von → Hämoglobin hervorgerufen werden.

Thalassotherapie: Nutzung der natürlichen Heilfaktoren (Salz- und Mineralstoffgehalt, Plankton) des Meerwassers für eine Badekur, z. B. bei rheumatischen Beschwerden.

Thiamin → Vitamin-B-Komplex

Thorakotomie: operative Eröffnung der Brust; z. B. bei Brustverletzungen oder zur chirurgischen Behandlung von Herz oder Lunge.

Thorax: Brustkorb

Thoraxröntgenbild: Röntgendarstellung von Herz und/oder Lunge.

Thrombektomie: Entfernung eines Thrombus.

Thromboembolie: Blockierung eines Blutgefäßes durch ein Teilstück eines Thrombus.

Thrombophlebitis: durch Schwellungen und Rötungen gekennzeichnete oberflächliche Venenentzündung infolge einer → Thrombose.

Thrombose: Bildung eines Blutgerinnsels in einem Blutgefäß, das zu einer vollständigen Blockade und damit einhergehendem Versorgungsstopp von Organen oder Geweben mit Blut und Sauerstoff führt. Sind davon Arterien des Herzes oder Gehirns betroffen, kann es zu → Herzinfakt bzw. → Schlaganfall kommen.

Thrombozyten → Blutplättchen

Thrombo(zyto)penie: Verminderung der → Thrombozytenzahl im Blut; hat u. a. erhöhte Blutungsneigung zur Folge.

Thrombus: Blutpfropf

Thymus: hinter dem Brustbein liegendes primäres lymphatisches Organ, in dem sich die → T-Lymphozyten befinden und auf ihre Abwehraufgaben vorbereitet werden; daneben Einfluss auf Körperwachstum und Stoffwechsel.

Thyr(e)oidektomie: operative Entfernung der Schilddrüse.

Thyr(e)oiditis → Schilddrüsenentzündung

Thyroxin → Schilddrüsenhormone

TIA → transitorische ischämische Attacke

Tibia: Schienbein

Tic: unkontrollierbares, sich wiederholendes Muskelzucken.

Tic douloureux → Trigeminusneuralgie

Tinea pedis → Fußpilz

Tinnitus aurium → Ohrensausen

T-Lymphozyten (T-Zellen): im frühembryonalen Stadium im Knochenmark gebildete und noch vor der Geburt in den → Thymus wandernde weiße Blutkörperchen, die Teil des erworbenen → Immunsystems sind; steuern und koordinieren die spezifische Abwehr gegen → Antigene.

Tochtergeschwulst → Metastase

Tod (Exitus letalis): Ende des Lebens

Tokografie → Wehenschreibung

Tokopherol: Vitamin E

Tollwut (Lyssa, Rabies): durch ein tollwütiges Tier auf den Menschen übertragene, meist tödlich verlaufende Virusinfektion des Nervensystems; äußert sich u. a. durch Muskelspasmen und → Delirium.

tonisch: den Muskeltonus betreffend.

Tonsille → Mandel

Tonsillektomie: operative Entfernung der Rachenmandeln.

Tonsillitis → Mandelentzündung

Tophus: Gichtknoten

Torsion: Achsendrehung; Drehung um sich selbst, z. B. Samenleiter, Darm oder eine gestielte → Zyste.

Torticollis → Schiefhals

Totgeburt (intrauteriner Fruchttod): ein → Fetus, der nach der 28. Schwangerschaftswoche tot entbunden wird.

Toxikologie: Lehre von den Giften; Teilgebiet der → Pharamakologie.

Toxin (Eiweiß, giftiges): oft durch krankheitserzeugende Bakterien gebildete giftige Eiweiße; können auch durch Pflanzen (giftige Pilze) oder Tiere (z. B. Schlangenbiss) in den menschlichen Organismus gelangen.

Toxoplasmose: von Haustieren auf den Menschen übertragenes oder in rohem Fleisch auftretendes, von Parasiten erzeugtes Toxoplasma; verursacht oft eine Infektion mit grippeähnlichen Symptomen. Bei Übertragung der infizierten Mutter auf ihr ungeborenes Kind können Entwicklungsdefekte auftreten.

Trabekulektomie: → Augenoperation bei → grünem Star.

Trachea: Luftröhre

Tracheitis: Entzündung der Luftröhre z. B. durch Viren.

Tracheo(s)tomie → Luftröhrenschnitt

Tränen: Lacrimae

Tränensackentzündung: Dakryozystitis

Traktion → Streckung

Tranquilizer: Sammelbegriff für Medikamente zur Beruhigung, z. B. gegen Angst- und Spannungszustände.

Transfusion → Bluttransfusion

Transfusion, autologe → Bluttransfusion, autologe

transitorische ischämische Attacke (TIA): oft durch einen kurzzeitigen Verschluss einer Hirnarterie hervorgerufene Unterbrechung der Blutzufuhr zu einem Teil des Gehirns; äußert sich u. a. durch vorübergehende Seh-, Sprech- oder Bewegungsstörungen. Dauern die Symptome länger als 24 Stunden an, spricht man von einem → Schlaganfall.

Transplantatabstoßung → Abstoßungsreaktion

Transplantation (Verpflanzung): Austausch von erkrankten Geweben oder Organen, z. B. von einem Teil des Körpers auf einen anderen oder von einem Menschen auf einen anderen.

Transplantat-Wirt-Reaktion: Immunreaktion; tritt oft infolge einer Knochenmarktransplantation auf; äußert sich u.a. durch Hautausschlag, → Gelbsucht, Entzündungen an Augen und Mund.

Transsudat → Erguss

Trapezius: Kapuzenmuskel

Trematoden: Egel- und parasitäre Saugwürmer

Tremor: Zittern; aufeinander folgende, unwillkürliche Bewegungen der Muskeln, z. B. an Händen und Füßen, oft als Alterserscheinung oder infolge heftiger Emotionen → Parkinsonkrankheit.

Trepanation: Eröffnung des Schädels mit einem Spezialbohrer.

Trichinose: als Folge des Verzehrs von halb rohem Schweinefleisch auftretender Befall mit den Larven einer Wurmart (Trichinelle spiralis); äußert sich u. a. durch → Durchfall und → Erbrechen, später durch → Fieber und Muskelschmerzen.

Trigeminus: V. Hirnnerv, mündet in das Gesicht und ist u. a. an der Kaumuskulatur beteiligt.

Trigeminusneuralgie (Tic douloureux): Erkrankung des → Trigeminus: äußert sich u. a. durch heftige Schmerzattacken in Wange, Lippen, Zahnfleisch oder Kinn auf einer Gesichtshälfte.

Trikuspidalklappe: in der rechten Hälfte des Herzes, zwischen Vorhof und Herzkammer liegende Klappe.

Tripelvakzine → Dreifachimpfung

Tripper → Gonorrhoe

Trisomie: Chromosomüberhang in den menschlichen Zellen; z. B. bei → Down-Syndrom.

Trizeps (Triceps): dreiköpfiger Muskel an der Hinterfläche des Oberarms.

Trochlearis: IV. Hirnnerv, der in die Augenhöhle bis hinein in den Augenmuskel reicht.

Trommelfell: Membrana tympani

Trommelfellentzündung: Myringitis

Trommelfellperforation: Riss oder Loch im Trommelfell, oft infolge einer unbehandelten eitrigen Trommelfellentzündung.

Trommelfellschnitt (Myringotomie): Stich ins Trommelfell zum Abfließen des → Eiters infolge einer Mittelohrentzündung.

Tropf → Infusion, intravenöse

Trunkus → Stamm

Tsetsefliege: in afrikanischen Ländern vorkommende Fliegenart, die durch Stiche die → Schlafkrankheit auf Menschen überträgt.

Tuba auditiva → Ohrtrompete

Tubargravidität → Eileiterschwangerschaft

Tuba uterina, Tube: Eileiter

Tuberkel: 1. kleine knöcherne Höcker, z. B. Oberarmknochen; 2. krankhafte Knötchenbildung, z. B. infolge → Tuberkulose.

Tuberkulintest (Mendel-Mantoux-Probe): Hauttest zum Nachweis einer Infektion mit → Tuberkulose.

Tuberkulose (Tbc; Skrofuloderm): durch Bakterien ausgelöste Infektionskrankheit, die sich über die Lymphbahnen in die → Lymphknoten ausbreitet; oft ist auch die Lunge betroffen; äußert sich u. a. durch Bluthusten, Atemnot, Schweißausbrüche und → Fieber.

Tuberkuloseimpfung: (BCG-Impfung): aktive Immunisierung gegen Tuberkuloseerreger mittels einer → Injektion.

Tuberositas (Rauigkeit): Vorsprung auf einem Knochen, von dem eine → Sehne ausgeht, z. B. am Oberarmknochen.

Tularämie → Francis-Krankheit

tumorspezifisches Antigen: von Tumoren abgegebene Substanz, die im Blut nachweisbar ist.

Tumormarker: chemische Substanzen im Blut, die bei bestimmten Krebsarten erhöht sind.

Tunica mucosa: Schleimhaut

Tunica vasculosa bulbi → Uvea

Tunnelsehen (Ringskotom): oft infolge des → grünen Stars auftretende ringförmige Einengung des Gesichtsfelds.

Turner-Syndrom (Monosomie X): durch eine Chromosomenanomalie (→ Chromosomen) hervorgerufene Krankheit, die nur bei Frauen auftritt; äußert sich u. a. durch Kleinwuchs, Fehlen oder eingeschränkte Entwicklung der sekundären Geschlechtsmerkmale und eine Verengung der → Aorta.

Tussis → Husten

Tympanum: Cavitas tympanica, Paukenhöhle des Mittelohrs.

Typhoid: typhusähnliche Erkrankung, bei der jedoch keine Infektion mit dem Typhuserreger erfolgt ist (→ Typhus).

Typhus: bakterielle Infektion mit einer Salmonellenart (→ Salmonellen); kann als leichte Magenverstimmung, häufiger als lebensbedrohliche Erkrankung auftreten; äußert sich u. a. durch → Verstopfung, die in → Durchfall übergeht, hohes → Fieber, Kopfschmerzen, später durch erhabene rote Flecken an Brust und Bauch.

Typhus abdominalis → Typhus

Tyrosis: Verkäsung

T-Zelle → T-Lymphozyt

U

Überbiss → Okklusionsstörungen

Übergewicht (Fettleibigkeit): oft durch übermäßiges und/oder fettreiches Essen sowie Bewegungsmangel hervorgerufen; Risikofaktor für bestimmte Erkrankungen, z. B. → Gicht, Brust- und Darmkrebs.

Überkappung: Zahnkrone

Überreife: Zustand der Leibesfrucht, wenn eine Schwangerschaft länger als 42 Wochen dauert.

Überträger: Person, die eine Erkrankung auf eine andere Person überträgt, z. B. Infektionskrankheiten.

Ulcus corneae → Hornhautgeschwür

Ulcus cruris → offenes Bein

Ulcus duodeni → Zwölffingerdarmgeschwür

Ulcus molle → Schanker, weicher

Ulcus pepticum → peptisches Geschwür

Ulcus ventriculi → Magengeschwür

Ulkus → Geschwür

Ulna: Elle

Ulnaris (Nervus ulnaris): langer Nervenast, der auf der rückwärtigen Innenseite des Oberarms über die Streckseite des Ellenbogengelenks in den Unterarm zieht.

Ultraschall: hochfrequente Schallwellen; Frequenzen sind höher als 20 000 Hertz.

Ultraschalluntersuchung (Sonografie): mittels → Ultraschall durchgeführte Untersuchungsmethode zur Abklärung vieler organischer Erkrankungen; kommt bei Schwangerschaftsuntersuchungen bevorzugt zum Einsatz, z. B. um die fetale Entwicklung zu beobachten.

Ulzeration: Geschwürbildung

Umbilicus: Nabel

Umschneidung: Beschneidung

Unfruchtbarkeit (Infertilität, Sterilität): männliche oder weibliche Unfähigkeit zur Fortpflanzung. Häufigste Ursache bei Männern: mangelnde Produktion gesunder → Spermien; häufigste Ursache bei Frauen: Ausbleiben des Eisprungs, oft infolge eines hormonellen Ungleichgewichts.

Unguis: Nagel

Unterbiss → Okklusionsstörungen

Unterkiefer: Mandibula

Unterleibserkrankung, entzündliche (Pelveoperitonitis): Sammelbegriff für entzündliche Erkrankungen der im Unterleib gelegenen Organe, z. B. → Eierstockentzündung.

Wann besteht Übergewicht?

Die Definition von Übergewicht und Fettsucht wird durch Formeln geleistet, die Körpergröße und Gewicht in ein bestimmtes Verhältnis setzen. Nachdem jahrelang die so genannte Broca-Formel galt, wird inzwischen der neuere Bodymass-Index (BMI) herangezogen, bei dem das Körpergewicht (in Kilogramm) durch die Körpergröße (in Metern) im Quadrat geteilt wird:

- Akzeptables Gewicht: BMI = 20 bis 25
- Übergewicht: BMI = 25 bis 30
- Adipositas: BMI = über 30

Unterschenkelgeschwür → offenes Bein

Urämie: durch → Nierenversagen auftretendes erhöhtes Harnstoffvorkommen im Blut.

Urea → Harnstoff

Ureter: Harnleiter

Ureterkolik: Harnleiterkolik

Urethra: Harnröhre

Urethritis → Harnröhrenentzündung

Urin: Harn

Urinstatus → Harnuntersuchung

Urintherapie → Eigenurintherapie

Urografie (Pyelografie): Röntgenkontrastdarstellung der Harnorgane.

Urologie: Lehre von den männlichen und weiblichen Harnorganen sowie den männlichen Fortpflanzungsorganen.

Urtikaria → Nesselsucht

Uterus: Gebärmutter

Uteruskarzinom → Gebärmutterkrebs

Uteruskontraktionen → Wehen

Uterusprolaps → Gebärmuttervorfall

Uvea: mittlere der drei Augenhäute, bestehend aus Regenbogenhaut, Ziliarkörper und Aderhaut.

Uveitis: eine das Sehvermögen stark beeinträchtigende Entzündung der → Uvea, oft infolge einer → Autoimmunkrankheit.

Uvula: Gaumenzäpfchen

V

vagal: den Nervus vagus betreffend.

Vagina: Scheide

Vaginalabstrich (Portiosmear, Portioabstrich, Pap-Abstrich): Test

(→ Abstrich) zur Früherkennung von Erkrankungen in der Vagina und im Gebärmutterhals.

Vaginalblutung: natürlicher Vorgang während der → Menstruation; Blutungen außerhalb der allmonatlichen Regelblutung können Hinweise auf Menstruationsstörungen bzw. Entzündungen der Gebärmutterschleimhaut sein.

Vaginaldusche: Scheidenspülung

Vaginalfluor → Scheidenausfluss

Vaginismus (Scheidenkrampf): schmerzhafter unwillkürlicher Krampf des Scheidenmuskels, der einen Geschlechtsverkehr unmöglich macht.

Vaginitis (Kolpitis) → Scheidenentzündung

Vagotomie: operative Durchtrennung des → Vagus bei übermäßigem Vorkommen von Magensäure.

Vagus: X. Hirnnerv; längster und verzweigtester Hirnnerv, der in die meisten inneren Organe hineinreicht.

Vakuumextraktion: »Saugglockengeburt«; das Kind wird während der Geburt mit einer Saugglocke aus der Vagina geholt.

Vakzination → Impfung

Vakzine → Impfstoff

Valgus(stellung): X-Krümmung

Valva → Klappe

Valvuloplastik → Herzklappenplastik

Valvulotomie: operative Spaltung einer Herzklappe

Varicella → Pocken

variköser Symptomenkomplex (variköse Venen): Beschwerden und Erkrankungen, die im Zusammenhang mit → Krampfadern auftreten.

Varikozele → Krampfaderbruch

Variola → Pocken

Varizellen → Windpocken

Varizen → Krampfadern

Varus(stellung): O-Krümmung

Vasektomie → Sterilisierung des Mannes.

vaskulär: die Blutgefäße betreffend.

Vaskulitis: Entzündung der Blutgefäße.

Vasodilatatoren: blutgefäßerweiternde Medikamente, z. B. → ACE-Hemmer.

Vasokonstriktion → Gefäßverengung

Vasopressin → ADH

vegetatives Nervensystem: steuert die unwillkürlich ablaufenden Lebensfunktionen wie Atmung, Verdauung, Blutdruck oder Schwitzen.

Veitstanz (Chorea minor): unkontrollierte, unregelmäßige, ruckartige Bewegungen.

Vena cava: Körperhohlvene

Venaesectio (Phlebotomie): Blutabnahme durch Eröffnung einer Hautvene.

Vene: Blutgefäß, das das Blut zum Herz transportiert.

Venenentzündung (Phlebitis): meist infolge einer kleinen Verletzung (z. B. durch eine → Injektion) auftretende Entzündung; geht oft mit der Bildung eines → Thrombus einher.

Venen, variköse → variköser Symptomkomplex

Venenthrombose, tiefe: oft im Bein auftretender Blutpropf in einer tiefer liegenden Vene.

Venenum: Gift

venerische Erkrankungen → Geschlechtskrankheiten

Venerologie: Lehre von den Geschlechtskrankheiten.

Venografie (Phlebografie): Röntgenkontrastdarstellung der Venen.

ventral: die Vorderseite betreffend, zum Bauch gehörend.

Ventriculus → Magen

ventrikuläre Tachykardie → Kammertachykardie

Verätzungsösophagitis → Speiseröhrenentzündung

Verbrennung: Zerstörung von Gewebe infolge starker Hitzeeinwirkung.

Verbrühung: → Verbrennung, die durch heiße Flüssigkeit oder Dampf verursacht wird.

Verdampfer: Inhalator

Verdauungsprobleme, nervöse (Dyspepsie, funktionelle) → Reizmagen

Verdauungsstörung (Dyspepsie): Sammelbegriff für eine Reihe von → Symptomen, die im Verdauungs-

Die einzelnen Grade einer Verbrennung

- Erster Grad: Die Haut ist stark gerötet, teilweise geschwollen und schmerzt. Nach einiger Zeit löst sich die oberste Hautschicht.
- Zweiter Grad: Auf den geröteten Hautstellen bilden sich Bläschen mit einer klaren Flüssigkeit. Die Schmerzen werden stärker. Schließlich brechen die Bläschen auf, und die Flüssigkeit tritt aus.
- Dritter Grad: Die Haut ist in allen ihren Schichten zerstört und verfärbt sich ins Schwärzliche. Die Schmerzen können anfänglich nahezu unerträglich sein, dann aufgrund von Nervenzerstörung aufhören. Das betroffene Gewebe stirbt ab und muss unter Umständen durch eine Hauttransplantation ersetzt werden.

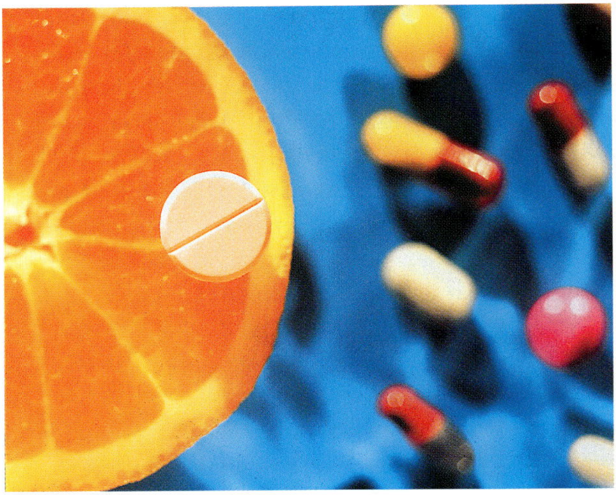

Vor wenigen Jahren hieß es noch: »Vitamine können nie schaden.« Inzwischen ist diese Meinung überholt. Zweifellos ist eine ausreichende Vitaminzufuhr unverzichtbar für eine stabile Gesundheit, aber die übermäßige Einnahme kann auch schädlich sein.

trakt auftreten, z. B. Bauchschmerzen.

Verdauungstrakt: → Magen-Darm-Trakt

Vererbungslehre (Genetik): Lehre von der Übertragung erblicher Merkmale von einer Generation auf die nächste.

Vergiftung (Intoxikation): erfolgt u. a. durch Bakterien, Insektenstiche, Schlangenbisse oder durch Einnahme, Einatmen von für den Körper schädlichen Substanzen; kann akut oder chronisch verlaufen und leichte Beschwerden verursachen, aber auch tödlich sein.

Verknöcherung (Ossifikation): Bildung, Erneuerung oder Wiederherstellung von Knochen.

verlängertes Rückenmark (Medulla oblongata): der unterste Teil des Hirnstamms.

Vernix (caseosa) → Käseschmiere

Verpflanzung → Transplantation

Verrenkung (Luxation): Ausrenken der Knochenenden, die ein Gelenk bilden.

Verruca: Warze

Verruca plantaris → Dornwarze

Verschlussileus → Darmverschluss

Verschlusskrankheit, periphere arterielle → Schaufensterkrankheit

Verstauchung (Distorsion): Überdehnung der Bänder eines Gelenks mit Schwellung; z. B. durch Umknicken eines Fußes.

Verstopfung (Obstipation): unregelmäßige, seltener und harter

Stuhlgang über einen längeren Zeitraum, oft verbunden mit → Völlegefühl.

Vertebra: Wirbel

Vertigo → Schwindel

Vesica fellea: Gallenblase

Vesica urinaria: Harnblase

Vesicula, Vesikel: oft mit klarer Flüssigkeit gefüllter → Follikel oder → Zyste.

Villus: Zotte

Vincent-Krankheit → Plaut-Vincent-Angina

Virämie: infolge von Virusinfektionen auftretendes Vorkommen von Viren im Blut.

Viren: aus einem Nukelinsäurekern bestehende kleinste Krankheitserreger, die harmlose, aber auch lebensbedrohliche Erkrankungen verursachen können.

Virginität → Jungfräulichkeit

Virulenz: die Fähigkeit eines Mikroorganismus, Krankheiten zu verursachen.

Virushepatitis: Sammelbegriff für alle Hepatitisformen, die durch Viren hervorgerufen werden (→ Hepatitis).

Viskosität: fließende Beschaffenheit von Flüssigkeiten.

Visus: Sehen; Sehschärfe

Vitamin(e): für den Stoffwechsel unentbehrliche (essenzielle) fett- oder wasserlösliche Stoffe; müssen dem Organismus zugeführt werden.

Vitamin-B-Komplex: Gruppe von wasserlöslichen B-Vitaminen, die u. a. eine wichtige Rolle bei Eynzym- und Nervenaktivitäten spielen.

Vitamin-B-Mangel (Beriberi): Stoffwechselstörung infolge Vitamin-B1-Mangels; äußert sich u. a. durch Muskelschwund und → Herzversagen.

Vitaminmangel (Avitaminose, Hypovitaminose): durch einseitige Ernährung oder eine Störung bei der Nährstoffaufnahme hervorgerufene Mangelerscheinung, die unter Umständen schwere Erkrankungen auslöst.

Vitaminpräparate: enthalten ein oder mehrere Vitamine; zur Vorbeugung von Vitaminmangelerscheinungen.

Vitiligo: vermutlich → Autoimmunkrankheit; Störung der Hautpigmentierung; äußert sich durch weiße Hautflecken ohne Pigment.

Völlegefühl (Flatulenz): Unbehagen im Unterbauch, oft mit Entwicklung von Winden.

Volvulus → Darmverschlingung

Vorfall (Prolaps): Verlagerung eines Organs oder Gewebes aus seiner ursprünglichen Position, z. B. → Bandscheibenvorfall.

Vorhaut: Praeputium

Vorhof: Atrium

Vormilch (Kolostrum): unmittelbar nach der Geburt von den Brüsten produzierte nährstoffreiche, antikörperhaltige Flüssigkeit; erste Nahrung des Kindes.

Vorsteherdrüse: Prostata

Vortex: Wirbel

v. Recklinghausen-Krankheit (Neurofibromatose): erblich bedingte Erkrankung; äußert sich durch die Bildung von fasrigen Nervengeschwülsten auf der Haut oder im Körperinneren und hellbraune Flecken auf der Haut.

Voyeurismus: das mit sexueller Erregung verbundene, oft zwanghafte heimliche Betrachten von Nacktheit und Sexualität Anderer.

Vulnus: Wunde

Vulva: Scham

Vulvajuckreiz (Pruritus vulvae): Reizung des weiblichen äußeren Genitalorgans, z. B. als Überempfindlichkeitsreaktion auf Waschlotionen, aber auch als Symptom einer Infektionskrankheit oder infolge Östrogenmangels.

Vulvakarzinom: bösartiger Tumor, von der Scham ausgehend.

Vulvitis: Entzündung der Scham

W

Wachstumshormon (Somatotropin): in der → Hypophyse produzierte Substanz, die das Körperwachstum anregt.

Wachstumsschmerzen (Epiphysose): Gliederschmerzen im Kleinkindalter; z. B. dumpfer, brennender Schmerz in den Waden.

Wadenbein: Fibula

Wallungen → fliegende Hitze

Warze: Verruca

Warzenfortsatz (Mastoid, Processus mastoideus): hinterer unterer, unterhalb der Ohrmuschel tastbarer Teil des Schädelbeins.

Wehen (Uteruskontraktionen): regelmäßige Gebärmutterkontraktionen zur Austreibung des → Fetus und der → Plazenta.

Wehenschreibung (Tokografie): Aufzeichnung der → Wehen vor und während der Geburt.

Weichteilrheumatismus: krankhafte Prozesse oft entzündlicher Art an Sehnen und Sehnenscheiden, Bändern, Schleimbeuteln und Muskeln; äußert sich u. a. durch Steifheit in den Gelenken oder heftigen Schmerzen bei Bewegung.

Weisheitszahn: Dens serotinus

Weitsichtigkeit (Hyperopie): Sehfehler, bei dem nahe Gegenstände verschwommen erscheinen.

Windeldermatitis (Erythema gluteale): gerötete, teilweise wunde und mit Bläschen bedeckte Haut im Windelbereich von Säuglingen.

Windpocken (Varizellen): durch Zosterviren hervorgerufene Infektionskrankheit; äußert sich u. a. durch → Ausschlag.

Wirbel: Vertebra

Wirbelsäule: Columna vertebralis

Wirbelsäulenverkrümmung → Skoliose

Wirkstoff: körpereigene (→ Hormon, → Enyzm) oder körperfremde (synthetisch hergestellter oder Pflanzenwirkstoff) Substanz, die auf Zellen, Gewebe, Organe positiv oder negativ einwirken kann.

Wochenbett (auch Kindbett; Puerperium): Rückbildung der Gebärmutter nach der Entbindung.

Wochenfluss (Lochien): in den ersten Wochen nach der Entbindung auftretender blutiger, wundsekrethaltiger → Ausfluss.

Wolf → Intertrigo

Wolfsrachen → Lippen-Kiefer-Gaumen-Spalte

Wolhynisches Fieber: Fünftagefieber

Wunde: Vulnus

Wundliegen: Dekubitus

Wundrose (Erysipel): durch Infizierung einer Wunde mit → Streptokokken verursachte Entzündung der Haut; äußert sich u. a. durch juckende rote Flecken und Bläschenbildung.

Wundstarrkrampf (Tetanus): durch Infizierung einer Wunde mit bestimmten Bakterien verursachte schwere Erkrankung des → Zentralnervensystems; äußert sich u. a. durch Kieferklemme und Muskelstarre am Bauch und Rücken.

Wurzelhaut: Desmodontium, Periodontium

Wurzelspitzenresektion (Apikektomie; Apikotomie): chirurgische Entfernung der Wurzelspitze eines Zahns.

X,Y

X-Bein: Genu valgum

X-Chromosom: weibliches Geschlechtschromosom

Xerostomie: Trockenheit des Munds

Y-Chromosom: männliches Geschlechtschromosom

Z

Zahnabszess (Parulis; parodontaler Abszess, Zahnwurzelspitzengranulom): mit → Eiter gefüllte Tasche im Zahnwurzelgewebe.

Zahnalveole: Zahn- bzw. Knochenfach, in dem der Zahn verankert ist.

Zahnbein: Dentin

Zahnbelag (Plaque dentale): aus Speichel, Bakterien und Nahrungsresten bestehender klebriger Belag; gilt als Hauptursache für → Karies.

Zahndurchbruch → Dentition

Zähneknirschen (Bruxismus): oft infolge seelischer Belastung auftretendes Knirschen oder Pressen der Zähne während des Schlafs.

Zahnfäule → Karies

Zahnfleisch: Gingiva

Zahnfleischentzündung: Gingivitis, Parodontitis marginalis superficialis

Zahnhals: Cervix dentis

Zahnmark (Zahnpulpa, Pulpa dentis): nervendurchsetztes Bindegewebe in der Markhöhle des Zahns.

Zahnprotusion: vorstehende obere Schneidezähne.

Zahnschmelz: Enamelum

Zahnschmerzen: Dentalgie

Zahnstein: Calculus dentis

Zahnwurzelspitzengranulom → Zahnabszess

Zahnziehen: Zahnextraktion

Zangengeburt: Verwendung einer Zange bei der Geburtshilfe.

Zäpfchen: Suppositorium

Zehe: Digitus pedis

Zehengrundgelenk: Metatarsophalangealgelenk

Zelle (Cellula): milliardenfach vorkommende und für die unterschiedlichsten Funktionen zuständige kleinste lebensfähige Einheiten des Körpers.

Zellenlehre: Zytologie

Zellpathologie: Zytopathologie

Zellulite (Orangenhaut): durch eine Fettverteilungsstörung hervorgerufene → Bindegewebsschwäche; äußert sich u. a. durch dellenartige Verformungen der Haut, oft an den Außenseiten der Oberschenkel, Hüften und des Gesäßes.

Zentralnervensystem (ZNS): Gehirn und Rückenmark

Zephalgie: Kopfschmerz

zerebrovaskuläres Ereignis: plötzlich auftretende Blockierung eines Blutgefäßes im Gehirn, die zum → Schlaganfall führt.

Zerumen: Ohrenschmalz

Zervix: Gebärmutterhals

Zervixbiopsie: Gewebeentnahme aus dem Gebärmutterhals.

Zervizitis (Endometritis cervicis): oft infolge von → Genitalherpes, einer → Beckenentzündung oder als Komplikation nach einer Geburt auftretende schmerzhafte Entzündung der Gebärmutterschleimhaut.

Zestoden → Bandwürmer

Zirbeldrüse: Glandula pinealis, Epiphyse

ZNS → Zentralnervensystem

Zöliakie (Sprue, Glutenunverträglichkeit): Unverträglichkeit von → Gluten; äußert sich u. a. durch wässrigen → Durchfall oder Fettstühle.

Zoster → Gürtelrose

Zottenhautprobe → Chorionzottenbiopsie

Zucker → Glukose

Zuckerkrankheit → Diabetes mellitus

Zunge: Glossa, Lingua

Zungenbein: Os hyoideum

Zwerchfell: Diaphragma

Zwerchfellhernie (Hiatushernie): infolge eines Eingeweidebruchs (→ Hernie) steigt der Magen durch eine Zwerchfelllücke aus der Bauchhöhle in die Brusthöhle hinauf.

Zwölffingerdarm: Duodenum

Zwölffingerdarmentzündung (Duodenitis): Entzündung des ersten Abschnitt des Dünndarms.

Zwölffingerdarmgeschwür (Ulcus duodeni; Duodenalulkus): u. a. durch eine Infektion mit → Heliocobacter-pylori-Bakterien verursachter, oft am Anfangsteil des Zwölffingerdarms auftretender Defekt in der Schleimhaut, der bis in die muskulöse Wand vordringen kann; äußert sich u. a. durch »Hungerschmerz«.

Zyste (Kystom): flüssigkeitshaltiger, umkapselter Gewebshohlraum; kann überall im Körper auftreten.

Zystektomie → Blasenentfernung, operative

Zystenniere (polyzystische Niere): angeborenes Zystenvorkommen in beiden Nieren, das unter Umständen zu → Nierenversagen führen kann.

zystische Fibrose → Mukoviszidose

Zystitis → Harnblasenentzündung

Zystoskopie → Blasenspiegelung

Zytologie: Zellenlehre

Zytomegalievirus: Virus aus der Familie der Herpesviren; ruft eine Vergrößerung der infizierten Zellen hervor; tritt z. B. als Folgeerscheinung von → AIDS auf.

Zytostatika: Medikamente zur Behandlung von Krebs.

Impressum
Das Werk ist im Südwest Verlag erschienen.

Redaktion: Monika Parzinger
Projektleitung: Dr. Alex Klubertanz
Redaktionsleitung und medizinische Fachberatung: Dr. med. Christiane Lentz
Bildredaktion: Tanja Nerger
Produktion: M. Metzger (Leitung), A. Aatz, Dr. E. Weigele-Ismael
Umschlag: Heinz Kraxenberger, München
Layout: Wolfgang Lehner
DTP: Matthias Liesendahl

Printed in Italy
Gedruckt auf chlor- und säurearmem Papier

ISBN 3-517-08094-2

Über die Autorin

Dr. Nicole Schaenzler studierte zunächst Germanistik und Psychologie und arbeitet seit Abschluss ihres Studiums als Journalistin und Fachautorin. Ihre zahlreichen Veröffentlichungen beschäftigen sich vor allem mit Ernährung, Psychosomatik und alternativen Therapien.

Literatur

Burckhardt, Dr. med. Dietlinde: Laborwerte. Südwest Verlag. 3. Auflage, München 1999
Joas, Dr. med. Anke: Blutwerte. Südwest Verlag. München 1999
Lucas, Prof. Dr. med. H.: Das neue große Gesundheitsbuch. Südwest Verlag. 4. Auflage, München 1998
Oberbeil, Klaus: Fit durch Vitamine. Südwest Verlag. 2. Auflage, München 1999
Oberbeil, Klaus/Lentz, Dr. Christiane: Obst & Gemüse als Medizin. Südwest Verlag. München 1999
Pschyrembel Klinisches Wörterbuch. De Gruyter. 257. Auflage, Berlin, New York 1994
Pschyrembel Wörterbuch Naturheilkunde und alternative Heilverfahren. De Gruyter. Berlin, New York 1996

Hinweis

Das vorliegende Buch ist sorgfältig erarbeitet worden. Dennoch erfolgen alle Angaben ohne Gewähr. Weder Autorin noch Verlag können für eventuelle Nachteile oder Schäden, die aus den im Buch gemachten praktischen Hinweisen resultieren, eine Haftung übernehmen.

Bildnachweis

Bavaria, Gauting bei München: 27 (Custom Medical); IFA, Taufkirchen bei München: 44 (Selma), 51 (Garet); Image Bank, München: 97 (K.Chernush); Lauf Sabine, München: Titel; Mauritius, Mittenwald: 21 (Poehlmann); Pasieka A., Hilden: 14, 92; Südwest Verlag, München: 1 (K.Vey), 60 (N:N); Tony Stone, München: 2 (A.Brookes), 7 (Douglas Struthers), 37 (St.Peters), 69 (John Cardmore), 76 (Andre Perlstein), 106 (David Chambers), 138 (Shaun Egan);Transglobe, Hamburg: 85 (Willner)